Inhaltsverzeichnis

Vorwort

Zum Thema

Der Titel *Zwischen Himmel und Erde* spiegelt die Situation des Menschen: Einerseits ist er Teil der Erde und von irdischen Lebensbedingungen abhängig, andererseits ist er (nach bisheriger Kenntnis) das einzige Lebewesen, das über sich hinaus fragt und durch Vorstellung und Glauben seine irdische Begrenztheit zu überwinden sucht. Dies wirkt sich auf sein Denken, Fühlen und Handeln aus und bestimmt damit Existenz und Ethik des Menschen.

Alle *Religionen der Welt* befassen sich mit diesen beiden Dimensionen des Menschseins und verknüpfen beide Bereiche. In den Jahrgangsstufen 7 bis 10 können sich die Schülerinnen und Schüler vertiefend und vergleichend mit den drei abrahamitischen Religionen Judentum, Christentum und Islam beschäftigen, die sie in Grundzügen meistens schon in den Jahrgangsstufen 5 und 6 kennen gelernt haben. Zu den fünf so genannten Weltreligionen gehören traditionell auch die beiden fernöstlichen Religionen Hinduismus und Buddhismus, mit denen sich die meisten Schüler erst in den höheren Jahrgangsstufen näher befassen. Darum ist diesen beiden Religionen hier je ein eigener Themenkreis gewidmet (S. 66 – 85). Aber auch mit kleineren religiösen Gemeinschaften können sich ältere Schülerinnen und Schüler auseinander setzen, indem sie sie kennen lernen und mit ihren eigenen Auffassungen oder Lebensweisen vergleichen (S. 52 – 65).

Zum Inhalt

Das vorliegende Heft ist nach Bereichen geordnet, die in allen Religionen in irgendeiner Weise vorkommen.

Der *erste Themenkreis* geht aus von der Frage *Was ist Religion?* (S. 5). Die Schülerinnen und Schüler können sich dieser Frage von verschiedenen Seiten her nähern. Dabei werden keine fertigen Antworten geliefert, sondern Definitionsversuche (S. 6) und Vergleiche (S. 7) führen zu Existenzfragen, welche wiederum Ursprung der Religionen sind und auf die diese unterschiedliche Antworten geben (S. 8). Auch mit der in unserer Gesellschaft gegenwärtigen Frage, ob Religion überhaupt (noch) einen Sinn hat, können ältere Schülerinnen und Schüler sich auseinander setzen (S. 9).

„Religion ist erlebnishafte Begegnung mit dem Heiligen ...“ – dieses Zitat von Gustav Mensching (S. 6) ist Grundlage für die Zuordnung der folgenden Arbeitsblätter. Heiliges kommt in allen Religionen vor und man kann viel über das Wesen der einzelnen Religionen herausfinden, wenn man sich mit den religiösen Phänomenen befasst, z. B. mit heiligen Orten (S. 10 –14), Engeln (S. 15 –19) und dem den einzelnen Religionen gemäßen Ausdruck des Glaubens an Gott (S. 20 – 24). Mit Hilfe der Arbeitsblätter nähern sich die Schülerinnen und Schüler diesen Phänomenen, indem sie sich mit der „erlebnishaften Begegnung“ anderer Menschen auseinander setzen und diese mit eigenen Erfahrungen oder Vorstellung vergleichen.

Heiliges und Profanes werden in unserer Gesellschaft zunehmend vermischt. Der *zweite Themenkreis* knüpft bei der eigenen Wahrnehmung der Jugendlichen an, denn in ihrer Welt spielt Religion eine Rolle, auch wenn sie sich dessen nicht immer bewusst sind. Sie werden mit Symbolen und Inhalten aus verschiedenen Religionen konfrontiert: beim Gang durch hiesige Städte (S. 25–28), bei der Beschäftigung mit Videoclips und Popsongs (S. 29 – 32) und schließlich durch die allgegenwärtige „Berieselung“ mit Werbung (S. 33 – 40). Ziel der Arbeitsblätter ist es, die Jugendlichen bei der *Wahrnehmung* des religiösen Hintergrundes zu unterstützen und ihnen bei der *Einordnung* zu helfen. Dabei ist es wichtig ihnen die *Herkunft* der verschiedenen Darstellungen zu verdeutlichen, auch solcher aus anderen Kulturen (S. 27, 40). Religion im Alltag zu entdecken, kann vielleicht zunächst als oberflächliche Betrachtung gesehen werden, aber wenn Schülerinnen und Schüler sich mit den einzelnen Beispielen näher befassen, stoßen sie auf tiefer gehende Fragen, die wesentliche Merkmale der Religionen aufzeigen und zur Auseinandersetzung mit existentiellen und gesellschaftlichen Problemen führen können.

Riten aus anderen Religionen wirken auf uns manchmal eigenartig oder fremd. Im *dritten Themenkreis* werden Arbeitsblätter angeboten, mit denen sich die Schülerinnen und Schüler handlungsorientiert den verschiedenen *Gebetsriten* annähern können (S. 41– 45). Als Methode eignet sich dabei das Stationenlernen: Alle Schüler befassen sich nacheinander mit jeder der fünf Weltreligionen, indem sie deren Gebete nachsprechen und die Körperhaltungen, Gesten oder Riten nachvollziehen. Eine gewisse Reife ist bei dieser Zugangsweise Voraussetzung (ab Kl. 9). Die kognitive Auseinandersetzung mit dem Thema *Askese, Essen und Trinken in den Weltreligionen* fördern die Arbeitsblätter S. 46–48: Kurze Texte und Symbole werden den verschiedenen Religionen zugeordnet. Der *vierte Themenkreis* beginnt mit einem *spielerischen Zugang* zu einigen wichtigen Aussagen und *Symbolen der Religionen*. Die Schüler stellen selbst ein Kartenspiel her, indem sie die vorgegebenen Karten ausschneiden und eigene Karten zu weiteren Religionsgemeinschaften entwerfen. Beim gemeinsamen Spiel müssen sie die Karten richtig zuordnen und lernen so Merkmale der Religionen kennen.

Gemeinschaften spielen in allen Religionen eine wichtige Rolle. Die Entwicklung der verschiedenen christlichen Konfessionen und Kirchen wird mit dem Wachstum eines Baums verglichen: Indem die Schüler die korrekten Bezeichnungen eintragen, gewinnen sie einen ersten Überblick (S. 52). Einzelne (manchen vielleicht weniger bekannte) christliche Glaubensgemeinschaften werden mit den Kopiervorlagen S. 54–59 vorgestellt, außerdem auch zwei hinduistische religiöse Gemeinschaften (S. 63–65).

Das von der Religion geprägte Leben verschiedener *Menschen* kann man am besten verstehen, wenn man sich in deren Leben hineinversetzt und es mit dem eigenen vergleicht (S. 54–64, vgl. auch S. 84 f.). Die Gegenüberstellung der Lebensweisen der beiden jüdischen Frauen aus Israel verdeutlicht u. a. den Unterschied zwischen religiöser und profaner Lebensauffassung (S. 60 f.), die Geschichte über die muslimische Familie zeigt ein Beispiel islamischen Einflusses auf das alltägliche Leben in Deutschland (S. 62).

Typische Themen und Inhalte der beiden großen fernöstlichen Weltreligionen *Hinduismus* und *Buddhismus* werden im **fünften** und **sechsten Themenkreis** vorgestellt. Dabei wird den Schülerinnen und Schülern immer der Bezug zur eigenen Wirklichkeit nahe gelegt. Sie können Inhalte aus Hinduismus und Buddhismus entsprechenden christlichen Inhalten zuordnen (z. B. Schöpfung, S. 66, Lichterfest, S. 68, Gottesdienst, S. 74, Elterngebot, S. 80 f., Zuflucht, S. 82), die gesellschaftliche Situation Indiens (Kastensystem S. 70 f., Frauen S. 72 f.) mit der hiesigen vergleichen oder über allgemeine Lebensfragen nachdenken (S. 67, 69, 76–82).

Der **siebte Themenkreis** zeigt *Schritte auf dem Weg zum Frieden* zwischen Konfessionen und Religionen. Er beginnt mit einem Arbeitsblatt zur persönlichen Annäherung an den Friedensbegriff (S. 86). In den Friedensschlagzeilen (S. 87) können die Jugendlichen entdecken, welche Schritte schon gewagt werden (vgl. auch S. 91 f.). Die Suche nach der gemeinsamen Wahrheit aller Religionen wird mit einem indischen Gleichnis verdeutlicht (S. 88 f.). Gemeinsamkeiten und Unterschiede zwischen Juden, Christen und Muslimen werden durch Zuordnung von Begriffen in einer Grafik veranschaulicht (S. 90). Die gemeinsame Ethik der Religionen (S. 93) ist Ausgangspunkt für eine Erklärung der Vertreter verschiedener Religionen und Glaubensgemeinschaften zum Weltfrieden (S. 92) und für das „Projekt Weltethos", das sich mit den Bedingungen für den Frieden in der Welt beschäftigt (S. 94).

Zuordnung zu den einzelnen Religionen

Judentum: Seiten 11 (Sinai), 13 (Westmauer), 15 f. (Engel Gabriel erscheint Hagar), 22 (Mesusa, Schma Israel), 23 (Schabbat), 42 (Gebetshaltung), 46 f. (Askese, Schabbat), 48 (Essen und Trinken, Sedermahl), 50 f. (Stifter, Symbol, Zitat, Gebäude und Orte), 60 f. (Frauen in Mea Schearim und Kibbuz), 87 (Friedensschlagzeilen), 90 (verschiedene Begriffe), 93 (Ethik).

Christentum: Seiten 9 (Sinn von Religion), 11 (Bergpredigt), 14 (Via Dolorosa), 15 f. (Engel Gabriel erscheint Maria), 21 (Apostolisches Glaubensbekenntnis), 24 (Bibel), 25 f. (Religion vor Ort), 28 (Fragen), 31 f. (MTV / Kirche), 33–37 (Christliches in der Werbung), 38 f. (Werbung an und in der Kirche), 43 (Symbol Wasser), 44 (Gebetshaltung, Vaterunser), 46 f. (Askese, Ehelosigkeit), 48 (Essen und Trinken, Abendmahl), 51 (Stifter, Symbol, Zitat, Gebäude und Orte), 52 (Entstehung der christlichen Kirchen), 53 (Glaubensbekenntnis, Kirche), 54–57 (Glaubensgemeinschaften), 48 f. (Nonne), 80 f. (Elterngebot), 87 (Friedensschlagzeilen), 90 (verschiedene Begriffe), 91 (Der Papst für den Frieden), 92 (Assisi), 93 f. (Ethik, Weltethos).

Islam: Seiten 11 (Berg Hira), 12 (Pilgerfahrt), 15 f. (Engel Gabriel erscheint Mohammed), 20 (99 Namen Gottes), 43 (rituelle Waschung), 46 f. (Askese, Fasten), 48 (Essen und Trinken), 49 (Stifter, Symbol, Zitat, Gebäude und Orte), 62 (muslimische Mädchen und Frauen bei uns), 87 (Friedensschlagzeilen), 90 (verschiedene Begriffe), 93 (Ethik).

Hinduismus: Seiten 27 (Tempel in Hamm), 29 (Göttin Kali / Madonna), 40 (Wiedergeburt / Werbung), 41 (Gebetshaltung), 43 (Symbol Wasser), 48 (Essen und Trinken), 50 (Stifter, Symbol, Zitat, Gebäude und Orte), 63 f. (Jainismus), 65 (Hare Krishna), S. 66–75 (verschiedene Themen), 88 f. (Elefantengleichnis).

Buddhismus: Seiten 45 (Lotussitz, verschiedene Handgesten), 46 f. (Askese, Yoga), 50 (Stifter, Symbol, Zitat, Gebäude und Orte), S. 76–85 (verschiedene Themen), 93 (Ethik).

Zur Art der Kopiervorlagen

Alle Kopiervorlagen sind so gestaltet, dass sie *direkt im Unterricht eingesetzt* werden können. Sie bieten kreative und kognitive Zugänge zu den Religionen und zu religiösen Phänomenen. Informationen werden spielerisch, handlungsorientiert oder kognitiv erarbeitet. Längere Informationstexte sind durch Unterbrechungen, Fragen und Aufgaben didaktisch so aufbereitet, dass sie von den Schülerinnen und Schülern selbstständig erarbeitet werden können. Viele Arbeitsblätter leiten zur eigenen Erkundung eines Themas an, alle sollen den Jugendlichen einen Anlass zur eigenen Auseinandersetzung mit den Themen bieten. Erforderliche Hinweise und zusätzliche Tipps für Lehrerinnen und Lehrer sind in den **Anmerkungen** zu finden.

Almut Löbbecke
(Herausgeberin)

WAS IST RELIGION?

➡️ Nimm dir etwas Zeit und schreibe alles auf, was dir spontan zu den folgenden Satzanfängen einfällt:

Religion ist _____

_____

_____

_____

Religion bedeutet für mich _____

_____

_____

Ein Mensch ist dann religiös, wenn _____

_____

_____

_____

➡️ Vergleiche deine Antworten mit denen deiner Nachbarin oder deines Nachbarn. Gibt es Gemeinsamkeiten oder Unterschiede?

➡️ Sammelt einige Antworten in der Klasse. Lassen sich eure Antworten in bestimmte Gruppen einteilen?

➡️ Suche dir eine Antwort oder eine Gruppe von Antworten heraus und versuche, sie mit einem oder mehreren Symbolen darzustellen.

RELIGION

Religion und Heiliges

RELIGION: DEFINITIONSVERSUCHE

➡ Lies die folgenden Texte aufmerksam durch. Es sind z. T. schwierige Texte. Es kann also sein, dass du nicht alles verstehst. Das macht nichts, du kannst die Stellen, die du nicht verstehst, zuerst einfach überlesen. Vielleicht schaffst du es danach doch – eventuell gemeinsam mit deiner Nachbarin oder deinem Nachbarn – auch die komplizierten Stellen zu verstehen.

Was ist Religion?

Das Wesen der Religion besteht im „Gefühl der schlechthinnigen Abhängigkeit". Religion ist Sinn und Geschmack fürs Unendliche.
(FRIEDRICH SCHLEIERMACHER, 1768 – 1834)

Religion ist das erste Selbstbewusstsein des Menschen. [...] Der Mensch ist der Anfang der Religion, der Mensch ist der Mittelpunkt der Religion, der Mensch ist das Ende der Religion.
(LUDWIG FEUERBACH, 1804 – 1872)

Die Religion ist der Seufzer der bedrängten Kreatur, das Gemüt einer herzlosen Welt, wie sie der Geist geistloser Zustände ist. Sie ist das Opium des Volkes. Die Aufhebung der Religion als des illusorischen Glücks des Volkes ist die Forderung seines wirklichen Glücks. [...] Die Kritik der Religion ist also im Keim die Kritik des Jammertales, dessen Heiligenschein die Religion ist.
(KARL MARX, 1818 – 1883)

Religion ist im weitesten und tiefsten Sinne das, was uns unbedingt angeht.
(PAUL TILLICH, 1886 – 1965)

Religion ist der im Denken, Fühlen, Wollen und Handeln bestätigte Glaube an das Dasein übernatürlicher persönlicher oder unpersönlicher Mächte, von denen sich der Mensch abhängig fühlt, die er für sich zu gewinnen [...] oder zu denen er sich zu erheben trachtet.
(HELMUTH VON GLASENAPP, 1891 – 1963)

Die Menschen erwarten von den verschiedenen Religionen Antwort auf die ungelösten Rätsel des menschlichen Daseins, die heute wie von je die Herzen der Menschen im Tiefsten bewegen: Was ist der Mensch? Was ist Sinn und Ziel unseres Lebens? Was ist das Gute, was die Sünde? Woher kommt das Leid und welchen Sinn hat es? Was ist der Weg zum wahren Glück? Was ist der Tod, das Gericht und die Vergeltung nach dem Tode? Und schließlich: Was ist jenes letzte und unsagbare Geheimnis unserer Existenz, aus dem wir kommen und wohin wir gehen?
(II. VATIKANISCHES KONZIL, 1961 – 1965)

Religion ist eine Angelegenheit, man muss geradezu sagen, die Angelegenheit des gottlosen Menschen.
(KARL BARTH, 1886 – 1968)

Religion ist erlebnishafte Begegnung mit dem Heiligen und antwortendes Handeln des vom Heiligen bestimmten Menschen. (GUSTAV MENSCHING, 1959)

Religion ist der Versuch, nichts in der Welt als fremd, menschenfeindlich, schicksalhaft, sinnlos anzunehmen, sondern alles, was begegnet, zu verwandeln, es einzubeziehen in die eigene menschliche Welt. Alles soll so gedeutet werden, dass es „für uns" wird. Alles Starre soll biegsam, alle Zufälle notwendig, alles sinnlos Scheinende wahr und gut geglaubt und gedacht werden. Religion ist der Versuch, keinen Nihilismus zu dulden und eine unendliche (endlich nicht widerlegbare) Bejahung des Lebens zu leben.
(DOROTHEE SÖLLE, 1976)

➡ Überlege, welche Aussagen etwas ausdrücken, was du auch schon einmal gedacht hast, und markiere diese farbig. Benutze eine andere Farbe für solche Aussagen, die du interessant findest, über die du bisher aber noch nie nachgedacht hast. Gibt es Aussagen, mit denen du gar nichts anfangen kannst oder die du ablehnst? Markiere sie mit einer dritten Farbe.

➡ Gibt es eine Aussage, die besonders gut zu deinen eigenen Vorstellungen passt?

RELIGIONEN SIND WIE ...

Die vielen Religionen gleichen einem üppigen Wald. Einige hohe Bäume ragen heraus und sind für alle sichtbar. Andere Bäume sind eher verborgen. Alle aber streben von der Erde zum Himmel. Dies ist ein Bild dafür, dass Religionen die Menschen und das Göttliche verbinden – gleich wie es von den Menschen dann benannt wird.

Religionen sind wie Brücken, die von einem Land in ein anderes führen: Von unserer alltäglichen Welt führen sie hinüber an ein anderes Ufer, zu Glück, Heil und Frieden.

Religionen sind wie Wege zum Licht, die das Leben der Menschen hell machen.

Die Welt ist voller Religionen. (...) Jede hat ihre Eigenart und Besonderheit, jede ist wie eine Leiter, die von der Erde zum Himmel führt, die den Menschen aufsteigen lässt zu Gott, zum Göttlichen, zur Erlösung und zum Frieden.

(Aus: Hermann-Josef Frisch, Himmelsleitern, Religionen der Welt in Bildern. Düsseldorf [Patmos] 1999)

➡ Diese Texte versuchen das Wesen der Religionen mit Bildern zu umschreiben. Ergänze die folgenden Satzanfänge mit ihrer Hilfe und finde für den letzten einen weitere bildliche Formulierung.

Religionen sind wie Wege zum Licht, denn _____

_____

Religionen sind wie _____

_____

Religionen sind wie _____

_____

Religionen sind wie _____

_____

Religionen sind wie _____

_____

➡ Wähle einen Vergleich aus und stelle seine symbolische Bedeutung bildlich dar.

FRAGEN ALS URSPRUNG DER RELIGION

Menschen in allen Völkern und zu allen Zeiten geben sich nicht zufrieden mit dem, was sie sehen und anfassen können. Sie fragen tiefer. [...] Fragen sind der Ursprung der Religion. Mit Hilfe von Religion versuchen wir einen Standort im Leben zu erhalten, einen Grund, auf dem wir stehen können.

(Aus: Hermann-Josef Frisch, Himmelsleitern, Religionen der Welt in Bildern. Düsseldorf [Patmos] 1999, S. 4)

Woher kommen wir?

WIE KÖNNEN WIR GLÜCK, HEIL UND FRIEDEN FINDEN?

WOHIN GEHEN WIR?

Welchen Sinn hat die Welt?

Wer ist Gott?

Wozu leben wir?

Was ist heilig?

➡ Ergänze weitere Fragen, auf die Religionen Antworten geben oder suchen.

➡ Beschäftigt euch in Gruppenarbeit (jede Gruppe bearbeitet eine andere Frage) mit den oben gestellten bzw. von euch selbst formulierten Fragen. Sucht dabei mögliche Antworten aus verschiedenen Religionen.

➡ Überlege zuvor allein, ob du zu einer Frage schon Antworten aus zwei Religionen kennst:

Frage: _____

Antworten aus der Religion _____ :	Antworten aus der Religion _____ :

WOZU NOCH RELIGION?

➡ Diese Frage wird den christlichen Kirchen in unserer Gesellschaft heute häufig gestellt. Was würdest du darauf antworten?

_____

_____

_____

Kardinal Karl Lehmann, Vorsitzender der katholischen Bischofskonferenz, geht in einem Zeitungsartikel auf diese Frage ein:

[...]
Ich bin der Meinung, dass religiöse Fragen sich von selber stellen; sie gehören einfach zum Menschen und können nicht abgeschafft werden. Biologen und Verhaltensforscher sagen uns, dass die Gattung Mensch die einzige ist, die ein „geistiges Auge" hat. Nur Menschen können sich Realitäten vorstellen, die aktuell nicht gegeben sind und sich mit ihnen auseinander setzen.
[...]
Die Gattung Mensch ist so etwas wie ein Sonderfall in der Geschichte des Lebens. Gerade diese Fähigkeit, die Wirklichkeit, wie sie ist, mit der Wirklichkeit, wie sie vielleicht einmal sein wird, sein könnte oder sein sollte, zu vergleichen und daraus Konsequenzen zu ziehen, macht den Menschen zum Erfinder und Gestalter seiner Umwelt.
Der Mensch ist auch das einzige Lebewesen, das weiß, dass es endlich ist. Natürlich kann man die Frage nach dem Sinn des Lebens verdrängen, sich ablenken und den Versuch machen, sich nur in der Gegenwart aufzuhalten, aber am Ende kommen doch auch die nachdenklichen Stunden. Es können Stunden glücklicher
Erfüllung sein, aber auch leidvolle Stunden, in denen wir hart mit unseren Grenzen konfrontiert werden. Was wird mit uns sein, wenn wir gestorben sind? Wird unser Leben einen Sinn gehabt haben? Diese Frage stellt sich nicht erst fünf Minuten vor zwölf, sie schlägt gerade für die intelligenten und nachdenklichen Menschen zurück auf ihr reales Leben. Wer nicht alle seine Glückserwartungen in den wenigen Jahren seiner Lebenszeit unterbringen muss, weil er daran glaubt, dass die Fülle des Lebens ihn nach seinem Tod erwartet, der lebt gelassener.
Aus dem geradezu panischen Zwang, das eigene Glück in der begrenzten Lebenszeit – koste es, was es wolle – selber herstellen zu müssen, ist schon viel Unheil entstanden. Die Antwort der Bibel auf die Frage nach dem Sinn des Lebens ist das große Ja, das auch die Begrenztheit unserer Lebenszeit überstrahlt.
[...]
Es wird keinem Menschen ernsthaft gelingen, die wirklich wichtigen Fragen des Lebens vollständig abzuräumen. Sie werden ihn irgendwann einholen.
[...]
(Aus: Rheinische Post, 29.8.2001)

➡ Welche Antwort gibt Karl Lehmann auf die Frage der Überschrift? Fasse seine Antwort mit eigenen Worten zusammen.

_____

_____

_____

➡ Was bedeuten die letzten beiden Sätze? Wie lauten für dich die wirklich wichtigen Fragen des Lebens?

_____

_____

_____

HEILIGE BERGE (1)

Avalon, England

Externsteine, Deutschland

Fudschijama; Japan

➡ Die Zeichnungen zeigen drei Berge bzw. Felsen, die in der Vorstellung der Menschen eine besondere Bedeutung haben. Suche dir einen von ihnen heraus und beschreibe, was dir an ihm auffällt.

_____

_____

_____

➡ Was mag den Berg zu einem heiligen Berg gemacht haben? Was unterscheidet ihn von anderen Bergen?

_____

_____

_____

➡ Warum gibt es überhaupt heilige Berge? Welche besonderen Eigenschaften haben Berge?

_____

_____

_____

➡ Die hier gezeichneten Berge gibt es tatsächlich. Versuche, so viel wie möglich über sie herauszufinden. Benutze ein Lexikon oder dein Erdkundebuch. Sammelt eure Ergebnisse in der Klasse. Vergrößert z. B. die Zeichnung des Berges und klebt eure Texte dazu.

➡ Kennst du noch andere heilige Berge? Welche? Gibt es vielleicht sogar in der Nähe einen Berg, um den sich besondere Geschichten ranken?

_____

_____

HEILIGE BERGE (2)

Die folgenden drei Texte stammen aus der jüdischen, christlichen und islamischen Religion. Sie beschreiben drei unterschiedliche Ereignisse, die einiges gemeinsam haben.

Judentum

Im dritten Monat nach dem Auszug der Israeliten aus dem Lande Ägypten (...) kamen sie in die Wüste Sinai (...) und sie lagerten sich in der Wüste (...) dem Berge gegenüber. Mose aber stieg hinauf zu Gott. Und der Herr rief ihm vom Berge aus zu und sprach: ...
(Exodus 19,1 –3; Einleitung zum so genannten Sinai-Ereignis, d.h. der Offenbarung der Gesetze auf dem Berge Sinai)

Da sprach der Herr zu Mose: Gehe hin zum Volke und ordne an, dass sie sich heute und morgen rein halten und ihre Kleider waschen (...), denn übermorgen wird der Herr vor den Augen des ganzen Volkes auf den Berg Sinai herabfahren. Und ziehe eine Grenze rings um den Berg und sprich zu ihnen: Hütet euch, auf den Berg zu steigen oder auch nur seinen Saum zu berühren; denn wer den Berg berührt, der ist des Todes. (...) Wenn das Widderhorn ertönt, sollen sie den Berg hinansteigen. (...) Am dritten Tag aber, als es Morgen wurde, erhob sich ein Donnern und Blitzen, und eine schwere Wolke lag auf dem Berge, und mächtiger Posaunenschall ertönte, sodass das ganze Volk im Lager erschrak. Da führte Mose (...) das Volk Gott entgegen, und sie stellten sich unten am Berge auf. Der Berg Sinai aber war ganz in Rauch gehüllt, weil der Herr im Feuer auf ihn herabgefahren war (...), und der ganze Berg erbebte stark. (...) Als nun der Herr auf den Berg Sinai herabgefahren war, auf die Spitze des Berges, rief er Mose (...), und Mose stieg hinauf. Da sprach der Herr zu Mose: ...
(Exodus 19,10 –21)

Christentum

Als er [Jesus] die Volksmenge sah, stieg er auf den Berg; und als er sich gesetzt hatte, traten seine Jünger zu ihm. Und er tat seinen Mund auf, lehrte sie und sprach: ...
(Matthäus 5,1f., Einleitung zur Bergpredigt)

Islam

Jedes Jahr zog sich der Prophet im Monat Ramadan in die Einsamkeit zurück, um zu beten und die Armen zu speisen, die zu ihm kamen. (...) Auch in jenem Ramadan, in dem Gott ihn ehren wollte, in jenem Jahr, in dem Er ihn sandte, zog Mohammed wieder mit seiner Familie nach dem Berg Hira, um sich in der Einsamkeit dem Gebet zu widmen. Und in jener Nacht, in der Gott ihn durch die Sendung auszeichnete und sich damit der Menschen erbarmte, kam Gabriel zu ihm. (...) Nach dem Erlebnis auf dem Berg Hira kamen die Offenbarungen regelmäßig zu Mohammed.

(Aus: Ibn Ishaq, Das Leben des Propheten. Aus dem Arabischen übertragen und bearbeitet von Gernot Rotter)

➡ Welche Ereignisse werden hier beschrieben? Was geschieht?

Judentum: _____

_____

Christentum: _____

_____

Islam: _____

_____

➡ Warum findet das Geschehen in allen drei Texten auf einem Berg statt? Was könnte der Berg hier ausdrücken?

_____

_____

➡ Könnten sich die Ereignisse auch an einem anderen Ort abspielen? Was wäre dann anders?

_____

WENN DER HEILIGE BERG RUFT

➡ Die Verehrung heiliger Berge hat oft Jahrtausende alte Tradition. Bis in die Gegenwart sind sie Ziel vieler Pilger. Was suchen diese Menschen auf einem heiligen Berg?

_____

➡ Für die Muslime ist der Berg Arafat heilig. Wie wichtig er bis heute ist, zeigen diese beiden Zeitungsartikel:

Versunken im Gebet: Mehr als 2,5 Millionen muslimische Pilger aus 120 Nationen haben sich gestern am „Berg der Gnade" bei Mekka versammelt. Das Ritual markiert den Höhepunkt der islamischen Wallfahrt (Hadsch). Heute beginnt das Opferfest der Muslime. Mit Tieropfern soll an die Bereitschaft Abrahams erinnert werden, auf Geheiß Gottes seinen Sohn Isaak zu opfern. Die türkische Regierung hat ihre Bürger aufgefordert, die Schlachtungen mit Rücksicht auf die EU-Bewerbung des Landes nach modernen Hygiene-Standards durchzuführen.
(Rheinische Post, 22.02.02)

Mit dem gemeinsamen Gebet von zwei Millionen Moslems am Berg Arafat und der folgenden Teufelsaustreibung hat die jährliche Pilgerfahrt nach Mekka ihren Höhepunkt erreicht. Von heute an feiern eine Milliarde Gläubige weltweit ihr wichtigstes Fest, das dreitätige „eid el adha" (Opferfest). Gestern strömten die Pilger, Schulter an Schulter gedrängt, eine schmale Straße entlang zum heiligen Berg. Der Überlieferung zufolge hielt der Prophet Mohammed im Jahr 632 dort seine letzte Predigt. Dabei soll ihm der letzte Teil des Korans offenbart worden sein. Der „wakfit el Arafat" (am Berg Arafat anhalten) ist der wichtigste Tag im Leben der Mekka-Pilger. Wer dieses Ritual verpasst, hat die Reise umsonst gemacht und darf nicht die Ehrenbezeichnung „Hadsch" (Pilger) tragen.
(Rheinische Post, 16.03.00)

➡ Warum bringen deutsche Tageszeitungen solche Berichte?

_____

_____

➡ Was erfährst du über die Geschichte dieses heiligen Berges?

_____

_____

➡ Was geschieht auf dem Berg Arafat bei den Pilgerreisen?

_____

_____

➡ Welche Bedeutung hat dieser Berg für einen gläubigen Muslim?

_____

_____

© Cornelsen Verlag Scriptor, Berlin • Cornelsen Copy Center • Religionen der Welt: Zwischen Himmel und Erde • Religion 7–10

HEIMKEHR NACH JERUSALEM

Sonia Levitin beschreibt in ihrem Buch „Heimkehr nach Jerusalem" die dramatische Flucht der äthiopischen Jüdin Desta von Äthiopien über den Sudan nach Israel. Im Schlusskapitel erzählt Desta von den Gefühlen, die über sie kommen, als sie zum ersten Mal an der Westmauer des jüdischen Tempels in Jerusalem steht.

Genau wie ich mein Leben lang von Jerusalem, der Heiligen Stadt, gehört hatte, hatte ich natürlich auch von der Mauer gehört, die für die Juden die heiligste Stätte der Welt ist. Dennoch war ich nicht darauf gefasst. Wie konnte auch jemand wissen, was für Gefühle ihn hier an der Mauer überkommen würden? [Wir] gingen über einen großen Hof, dessen Steine von Millionen Füßen glatt geschliffen waren. Unsere Schritte verursachten kein Geräusch, als verschluckten die Steine jeden Laut, weil sich die Sehnsucht der Erde erfüllte. Die Steine hatten gewartet, die Erde hatte gewartet. So schien es. Auch andere Leute waren anwesend, Männer und Frauen, deren Zahl sich auf dem Platz und in seiner Erinnerung verlor. Die Männer gingen auf die eine Seite und waren durch eine Zwischenwand von den Frauen getrennt, die auf die andere Seite gingen. [...]

Dies ist der Augenblick, in dem jeder Jude mit sich allein ist. Ich näherte mich langsam der Mauer. [...] Ich legte den Kopf zurück, um die Spitze der Mauer zu betrachten und die großen Steine zu sehen, die vor über zweitausend Jahren geschnitten, behauen und zu diesem Hügel gebracht worden waren. Kriege haben hier gewütet, aber die Mauer steht noch immer. Es ist die Mauer unseres alten Tempels, der von den Gefangenen gebaut wurde, die aus Babylon zurückkehrten und Jerusalem als ihre Heimat zurückforderten. Nur diese Mauer, die Westmauer, ist übrig geblieben, denn der Tempel wurde von den römischen Armeen wieder zerstört. Aber diese Mauer steht und ihr näherte ich mich mit gefalteten Händen, den Blick auf die Steine gerichtet.

Um mich spürte ich Bewegung. Andere Menschen. Ich hörte ihren Atem, ihr Weinen. Ich trat näher an die Mauer heran, mein Blick war auf die Steine mit ihrem schwachen, goldenen Schimmer und auf die Grasbüschel gerichtet, die zwischen ihnen wachsen; winzige Pflänzchen klammern sich zwischen den Steinen fest, so wie sich die Juden an die Hoffnung klammern. [...]

Ich trat noch näher heran, ein seltsamer feuchter Schleier lag über meinen Augen, in denen sich mein ganzes Gefühl sammelte, bis ich nichts mehr sah, sondern die Hände ausstreckte, die Handflächen auf die Mauer drückte und dann meinen ganzen Körper, meine Wangen, meine Beine, meine Brust. Als ich die Steine umarmte, zitterte ich. Wie ein Blatt im Sturm, wie ein Baum in einem Gewitter zitterte ich. Während ich mich an die Mauer klammerte, ergoss sich eine Anwesenheit in mich und ein einziger Gedanke beherrschte mich: „Hier bin ich! Hier bin ich!" Denn es heißt, dass Gott von jedem Menschen Rechenschaft fordert: „Wo bist du?" In diesem Augeblick antwortete ich: „Hier bin ich!"

Ich blieb zitternd an der Mauer stehen – wie lange? Wie lange?

Endlich tauchte ich wieder auf, leer von Tränen, erfüllt von Jemandem, der mich umfangen und geantwortet hatte: „Desta, ich sehe dich."

Ich war heimgekehrt.

(Sonia Levitin, Heimkehr nach Jerusalem. Originaltitel „The Return", ersch. im Verlag Atheneum, New York 1987
© 1987 by Sonia Levitin © der deutschsprachigen Ausgabe 1988 by Verlag Carl Ueberreuter, Wien. S. 198–201)

➡ Was geht in Desta vor, als sie nach ihrer langen, schwierigen Flucht aus Äthiopien endlich die Mauer in Jerusalem erreicht? Kannst du ihre Gefühle und Gedanken beschreiben?

_____

_____

_____

➡ Kannst du dir vorstellen, warum sie so fühlt?

_____

_____

_____

JERUSALEM: VIA DOLOROSA

Der lateinische Begriff *Via Dolorosa* bedeutet „Straße der Schmerzen" oder „Schmerzensweg". Diese Straße in Jerusalem wird bis heute von vielen Christen als der Weg verehrt, den Jesus bis zur Kreuzigung auf Golgatha gegangen ist. Zu Ostern kommen traditionell viele Pilger hierher. Sie tragen schwere Kreuze und gehen singend und betend oder auch schweigend diesen Weg.

➡ Warum tun sie das?

_____

_____

➡ Lies den folgenden Zeitungsartikel aus dem Jahre 2002.

Die Via Dolorosa – mehr denn je Heilige Stätte

Von CHARLES A. LANDSMANN

JERUSALEM. Ostern 2002: Jerusalem, die Heilige Stadt des Friedens, ist in Angst und Not erstarrt. Angst im jüdischen Westen, Not im arabischen Osten. Die Jerusalemer, ob Israelis oder Palästinenser, sind unter sich – allein gelassen von der Welt, ohne Touristenmassen und Pilgergruppen. Die Geschäfte entlang der westlichen Jaffa-Road sind in diesen Tagen vor dem jüdischen Pessach-Fest halbleer – zu viele Bomben sind hier hochgegangen, zu viele Male ist auf der Einkaufsstraße geschossen worden. Über die Hälfte der Läden entlang der östlichen Via Dolorosa sind seit Monaten geschlossen. Die verbliebenen Händler verkaufen nichts, niemand betritt ihr Geschäft. [...]
Zu den wenigen Passanten gehören ein griechischer Philosophieprofessor und seine Begleiterin; sie sind nicht wegen Ostern hier („wir Orthodoxen feiern später"), sondern „weil es hier ziemlich sicher ist". Womit die Beiden Recht haben. Denn während die Jaffa-Road und ihre Umgebung in den letzten Wochen fünf Terroranschläge überstanden hat – 31 Tote und 543 Verwundete insgesamt –, ist auf der Via Dolorosa seit über einem Jahr niemand getötet worden.
[...]
Das griechische Paar, das von der Grabeskirche Richtung Löwentor schreitet, ist bei der „Jerusalem Pottery" angelangt, dem einzigen christlichen Geschäft an der Via Dolorosa. Der 72-jährige Stephan Karkeshian mag sich nicht von seinem Hocker vor dem Laden erheben: „Wir haben schwere Zeiten durchgemacht, aber niemals war die Lage so mies." Wie alle Händler hier lebt er von Erspartem, hat sämtliche Mitarbeiter entlassen.
Auf der Via Dolorosa, wo sich einst die Massen drängten, sind nur sechs Pilger anzutreffen. Wer sich zwischen den Stationen des Leidens Christi bewegt, kann eine fast idyllische Ruhe genießen. Ein Besucher aus Österreich meint, so intensiv sei auf der Via Dolorosa der Glauben noch nie zu erleben gewesen wie heute, in Zeiten dieses traurigen Krieges. Tatsächlich ist die geschäftige Atmosphäre einer scheinbar idyllischen Ruhe gewichen; die Via Dolorosa ist mehr denn je Heilige Stätte.

(Rheinische Post, 28.03.02)

➡ Was wird über die heutige Situation an diesem Ort gesagt?

_____

_____

_____

➡ Was bedeutet der letzte Satz *Die Via Dolorosa ist mehr denn je Heilige Stätte?*

_____

_____

_____

DER ENGEL GABRIEL ERSCHEINT ...

... **Hagar** in der Wüste   ... **Maria** in Nazareth ...   **Mohammed** in der Höhle am Berg Hira

➡ Der Engel Gabriel spielt bei Juden, Christen und Muslimen eine wichtige Rolle. Unten sind drei unterschiedliche Geschichten, in denen er vorkommt, vermischt. Schneide die einzelnen Textteile aus und setze sie so zusammen, dass sich drei zusammenhängende Erzählungen ergeben.

(1) *Gottes und sprach sie an: „Hagar, woher kommst du und wohin gehst du?" Sie antwortete: „Ich bin meiner Herrin Sara fortgelaufen, weil sie so gemein zu mir war." Der Engel forderte sie auf: „Geh zurück zu deiner Herrin und ertrage ihre harte Behandlung! Du selbst wirst*

(2) *Der Engel sprach: „Allah wird dir sagen, was er von den Menschen erwartet. Du wirst es aufschreiben lassen. Die Menschen sind schlecht und aufsässig, aber wenn du ihnen den Koran gibst, dann werden sie an Allah glauben und sich nach seinen Worten richten." Als Mohammed erwachte, war ihm, als ob die Schriftrolle, die der Engel in seinen Händen hatte, in seinem Herzen sei. Schnell ging er zurück nach Hause und erzählte den*

(3) *Mutter eines großen Volkes werden. Du wirst einen Sohn bekommen. Gott möchte, dass du ihn Ismael nennst. Das bedeutet: Gott hört! Gott hat deine Klagen gehört. Er lässt dich und dein Kind nicht im Stich." Daraufhin kehrte Hagar zurück zu Sara und brachte ihren Sohn zur Welt. Nach dem Gesetz gehörte er aber Abraham und Sara.*

(4) *behandelte Sara Hagar strenger als vorher und ließ sie außerdem zunehmend mehr arbeiten. Diese Behandlung ertrug Hagar nicht lange. Sie nahm ihr Kind und floh in die Wüste, Richtung Ägypten. An einem Brunnen machte sie Halt und setzte sich. Dort fand sie der Engel*

(5) *Mohammed ging oft in die Wüste, um in einer Höhle am Berg Hira allein zu sein. Dort dachte er viel über Allah und seinen Willen nach. Eines Tages erschien ihm im Traum der Engel Gabriel mit einer Schriftrolle in seinen Händen.*

(6) *Und im sechsten Monat wurde der Engel Gabriel von Gott gesandt in eine Stadt in Galiläa, die heißt Nazareth, zu einer Jungfrau, die vertraut war einem Mann mit dem Namen Josef; und die Jungfrau hieß Maria.*

(7) *Diese Aufgabe sollte ihre junge Dienerin Hagar, die sie aus Ägypten mitgebracht hatten, übernehmen. Sara schickte Hagar zu ihrem Mann, und schon bald erwartete Hagar ein Kind. Sie fühlte sich unentbehrlich und behandelte ihre Herrin Sara von oben herab. Daraufhin*

(8) *Jesus geben. Der wird groß sein und Sohn des Höchsten genannt werden; darum wird auch das Heilige, das geboren wird, Gottes Sohn genannt werden. Maria aber sprach: „Siehe, ich bin des Herrn Magd; mir geschehe, wie du gesagt hast." Und der Engel schied von ihr.*

(9) *Menschen, was der Engel Gabriel ihm gesagt hatte. Von nun an hörten die Menschen auf ihn und erkannten, was sie tun sollten. Später ließ Mohammed alles aufschreiben.*

(10) *Gott hatte Abraham und seiner Frau Sara versprochen, ihnen viele Kinder und Enkel zu schenken. Daraus sollte ein großes Volk entstehen. Aber die Jahre gingen ins Land und die beiden wurden alt, ohne dass sie ein Kind hatten. Sie fühlten sich von Gott verlassen und glaubten nicht, noch Kinder bekommen zu können.*

(11) *Und der Engel kam zu ihr hinein und sprach: „Sei gegrüßt, du Begnadete! Der Herr sei mit dir!" Und der Engel sprach zu ihr: „Fürchte dich nicht, Maria, du hast Gnade bei Gott gefunden. Siehe, du wirst schwanger werden und einen Sohn gebären, und du sollst ihm den Namen Jesus geben.*

(12) *Er befahl Mohammed mit kräftiger Stimme: „Lies das!" Mahammed bekam Angst und erklärte: „Ich kann nicht lesen." Doch der Engel bestand darauf. In Todesangst beteuerte Mahammed nochmals, dass er nicht lesen könnte. Aber der Engel ließ nicht locker und forderte ihn zum dritten Mal auf zu lesen. Mohammed war es zumute, als würgte ihn der Engel. Was sollte er denn lesen?*

(13) *Der wird groß sein und Sohn des Höchsten, Gottes Sohn genannt werden. Maria aber sprach: „Siehe, ich bin des Herrn Magd: Mir geschehe, wie du gesagt hast."*

... HAGAR, MARIA, MOHAMMED

➡ Lies die drei Erzählungen von S. 15 genau und vergleiche sie miteinander: Welche Botschaft überbringt der Engel Gabriel? Wie ist das Verhältnis zwischen den Personen und dem Engel? Wie reagieren die Menschen auf den Engel? Wie wirkt sich die Begegnung mit dem Engel aus?

➡ Schreibe deine Antworten in die Tabelle:

	Hagar	Maria	Mohammed
Botschaft			
Reaktion			
Wirkung			

➡ Beschreibe die drei Begegnungen.
Was fällt auf?
Was ist ähnlich?
Wo gibt es Unterschiede?

© Cornelsen Verlag Scriptor, Berlin · Cornelsen Copy Center · Religionen der Welt: Zwischen Himmel und Erde · Religion 7–10

RELIGION

Religion und Heiliges

VON EINEM FREUND,
DESSEN NAMEN ICH NICHT KENNE (1)

➔ In dieser Erzählung von Ingrid Bacher kann man verschiedene Szenen entdecken.
Suche zu jeder Szene ein Adjektiv, das die Situation der Erzählerin kennzeichnet.
Stelle anschließend jedem dieser Adjektive ein Verb gegenüber, das aussagt, was der „Freund" tut.

Szene	Erzählung von Ingried Bacher	Erzählerin	„Freund"
	Schon lange, wenn ich Berichte über das Leben bekannter Leute lese, möchte ich etwas schreiben über einen Freund, dessen Namen ich nicht kenne und der auch nicht berühmt ist, wenigstens meistens nicht. Ich treffe ihn immer unvermutet und erkenne ihn sofort wieder.		
1	Er war der Mann, der mir, als ich Kind war, den Ball über die Schulhofmauer zurückwarf, wenn ich über das Ziel hinausgeschossen hatte,		
2	und der am Strand sagte. „Natürlich kannst du schwimmen!", und mich an der Badehose festhielt, bis ich mich endlich traute, alleine zu schwimmen.		
3	Neulich saß er im Auto und hielt, damit ich über die Straße gehen konnte, und lachte mir dabei freundschaftlich zu, so dass ich für mindestens den halben Tag guter Laune war.		
4	Und natürlich ist er es auch, dem ich, wenn ich unterwegs bin, mit der Lichthupe ein Signal gebe, um ihn auf eine Radarfalle aufmerksam zu machen, wenn er mir in seinem Auto entgegenkommt.		
5	Als ich noch nicht lange in einer für mich fremden Großstadt wohnte, sah ich eines Tages in einem Geschäft ein Bild, das ich meinte, schon lange gesucht zu haben, und es war mir sehr wichtig, es zu besitzen. Ich hätte es gerne in meinem Zimmer gehabt und es jeden Tag angeschaut, doch hatte ich selten Geld und kannte auch den Händler nicht, dem das Geschäft gehörte. So sagte ich zu ihm: „Bitte, können Sie mir das Bild eine Zeit lang zurücklegen? Ich habe jetzt gar kein Geld, aber ich werde, wenn ich wieder etwas bekomme, sehr sparen, und alles, was ich übrig habe, werde ich Ihnen bringen. So zahl' ich nach und nach das Bild ab, bis ich es mir holen kann." Ich war verlegen, ich dachte, der Händler geht nie und nimmer auf den Vorschlag ein, doch dann erkannte ich, als ich ihn ansah, dass es mein Freund war, jener, der immer wieder auftaucht. „Nehmen Sie das Bild nur mit", sagte er, „ja, auch ohne Anzahlung, da es Ihnen wichtig ist. Bringen Sie mir das Geld, wenn es Ihnen möglich ist." Er schrieb sich nicht meinen Namen und meine Adresse auf, er sagte nicht mal: „Ich vertraue Ihnen!" Er gab mir das Bild einfach mit; es war ein Kupferstich von Piranesi und ziemlich teuer. „Vielen Dank", sagte ich und nahm es an, und es blieb ein Geschenk für mich, auch dann noch, als ich es vollständig abbezahlt hatte.		
6	Einmal sprach er mich an, als ich abends noch einmal auf die Straße hinunterging, um Zigaretten zu holen.		

Szene	Erzählung von Ingried Bacher	Erzählerin	„Freund"
	Er sagte, er müsse nur mit jemandem reden, er hätte drei Tage mit niemandem geredet und er hielte es einfach nicht mehr aus. Er sprach ein fehlerfreies Deutsch, man hörte nur an der Betonung, dass er Ausländer war. Ich war froh, dass er mal etwas von mir wünschte, dass ich ihm nützlich sein konnte, indem ich ihm dann die halbe Nacht in meiner Wohnung zuhörte. Als er sich alles vom Herzen geredet hatte, bedankte er sich und ging fort und kam nicht wieder.		
7	Doch traf ich ihn gestern, als ich aus dem Kino kam und es so heftig regnete. Er nahm mich mit unter seinen Schirm, selbstverständlich und wortlos, und verschwand erst beim U-Bahn-Eingang, als ich im Trockenen war.		
8	Ein andermal hörte ich ihn im kräftigen niederrheinischen Dialekt mit einem jungen Mann sprechen, der völlig betrunken an der morastigen Böschung einer neu gebauten Straße lag. Er hatte ihn im Vorbeifahren entdeckt, stoppte den Wagen und ging zu ihm. Nun hielt er den Kopf des Ohnmächtigen hoch, damit er nicht erstickte, wenn er sich erbrach, mit dem Gesicht in der weichen Erde liegend. „So kannst du doch nicht liegen bleiben, in dem fiesen Modder doch nicht. So wach doch auf, Mensch", sagte er und versuchte dabei, den Jungen zu wecken, während aus den angrenzenden, sorglich umzäunten Gärten einige Leute ihm neugierig und ohne Bewegung zusahen. Zusammen trugen wir den Betrunkenen ins Auto, um ihn ins Krankenhaus zu fahren. Je länger ich nun von ihm erzähle, um so mehr Geschichten fallen mir ein, wo und wann ich ihn traf. Jeder hat solch einen Freund, es ist der Andere, der Unbekannte, der unerwartet neben dir ist [...]. Er sieht nicht immer gleich aus, kann mal ein Mann, mal eine Frau sein. Manchmal bin ich erstaunt, wie alt er ist – und dann ist er wieder ein Kind.		

(Aus: D. Steinwede [Hrsg.], Er sendet seinen Engel vor dir her. Düsseldorf [Patmos] 1994)

▶ Was erwartest du von einem Freund? Erkläre mit Hilfe von Beispielen.

_____

_____

_____

_____

▶ Was unterscheidet den „Freund" in der Geschichte von deinem Freund oder deiner Freundin? Was drücken die Anführungszeichen aus?

_____

_____

RELIGION

Religion und Heiliges

GOTT SCHICKT MIR EINEN ENGEL

➡ Schreibe in und um den Umriss einen Text (Geschichte, Gedicht o. Ä.), der von *deinem* Schutzengel handelt oder handeln könnte. Gestalte anschließend das Bild farblich aus.

➡ Was bedeutet ein Engel für dich? Versuche eine Eigenschaft, eine Tätigkeit oder ein Wesensmerkmal zu finden, die du einem Engel zuschreiben würdest, und schreibe sie in alphabetischer Reihenfolge auf:

A _____

BOTE _____

C _____

D _____

E _____

F _____

G _____

H _____

I _____

J _____

K _____

L _____

M _____

N _____

O _____

P _____

Q _____

R _____

S _____

T _____

U _____

V _____

W _____

X _____

Y _____

Z _____

99 NAMEN GOTTES

➜ Das arabische Wort für „Gott" ist *Allah*. Das ist kein Name, sondern die Bezeichnung für den von Juden, Christen und Muslimen verehrten Gott. Nach islamischer und jüdischer Vorstellung darf Gott nicht abgebildet werden. Auf der Abbildung siehst du ein Blatt Papyrus aus Ägypten mit den 99 schönsten Namen Gottes und dem islamischen Glaubensbekenntnis in der Mitte. Ein Name erstreckt sich über zwei Kästen, weil der 100. Name Gottes ein Geheimnis bleiben soll. Was meinst du, warum?

der Erbarmer / der Barmherzige / der König / der Heilige / der Friede ist / der Treue / der wache Berater / der Mächtige und Prächtige / der ganz Starke / der Großartige / der Hervorbringer / der Gestaltende / der Schöpfer / der stets Vergebende / der in allem Vorherrschende / der stets Gebende / der Verteiler (aller Güter), der Öffnende und Offenbarende / der Allweise / der beengt / der weitet (das Leben und die Brust der Diener) / der erniedrigt / der zu Würden erhebt / der Ehren und Macht verleiht / der demütigt / der Allhörende / der Allsehende / der Richter / der vollkommen Gerechte / der Wohlwollende / der Kluge, Verstehende / der Gütige / der Herrliche, Mächtige / der Vergebende / der Dankbarkeit beantwortet / der Hohe / der große, der starke Bewahrer / der Ernährende / der Rechenschaft fordert / der Majestätische, Großmütige / der Allgegenwärtige / der Weise / der Allerliebevollste / der Glorreiche / der aus dem Tod zum Leben ruft / der Zeuge / der Wahre, die Wahrheit / der alles mit Vollmacht tut / der Starke / der unerschütterlich Zuverlässige / der Freund und Beschützer / der Preiswürdige / der Aufzeichner allen Geschehens / der den Anfang setzt / der Leben aus dem Tod zurückbringt / der Leben schenkt / der Lenker des Todes / der Lebendige / der in sich selbst Bestehende / der Finder / der Verherrlichte / der Eine und Einzige / der Ewige / der Mächtige / der Bestimmende / der näherbringt / der Erste / der Letzte / der Sichtbare / der Verborgene / der Herrschende / der Erhabene / der gerechte Wohltäter / der Reue annimmt und zu ihr führt / der Rächer (der die Ungehorsamen züchtigt) / der Nachsichtige (der die Sünden auslöscht) / der Nachsichtige, Freundliche / der König aller Königreiche / der Herr der Majestät und der Freigiebigkeit / der jedem Gerechtigkeit gibt / der Versammler / der sich selbst Genügende / der Reichmachende / der Geber / der Zurückhaltende / der Heimsuchung schickt / der Förderung schenkt / das Licht / der Führer und Leiter / der Unvergleichliche / der Ewige ohne Ende / der Erbende / der auf den geraden Weg führt / der Allergeduldigste

Der Name _____ *passt am wenigsten zu meiner Vorstellung von Gott, weil*

_____

_____

➜ Markiere Namen, die besonders gut zu deiner Vorstellung von Gott passen. Gestalte ein Bild mit den für dich schönsten Namen Gottes. Wähle entsprechende Farben, schreibe die Namen in besonders schöner Schrift und male einen passenden Rahmen. Du kannst auch Bilder oder Symbole einbeziehen.

DIE FARBEN GOTTES

➡ Farben haben nicht nur in der Malerei eine symbolische Bedeutung. Auch auf die Psyche der Menschen wirken verschiedene Farben sehr unterschiedlich.
Welches ist deine Lieblingsfarbe? Was empfindest du angesichts dieser Farbe?

_____

_____

➡ Gold spielt in vielen Religionen eine besondere Rolle. Welche Darstellungen, Gegenstände oder Gebäude aus verschiedenen Religionen kennst du, die mit Gold verziert sind?

_____

_____

➡ Welche Bedeutung hat das Gold bei diesen Darstellungen deiner Meinung nach?

_____

_____

➡ Der Künstler Yves Klein hat auf einer Platte drei große Farbtafeln (Rot, Gold, Blau) gestaltet, die den christlichen Glauben an die Dreieinigkeit symbolisieren können.
Male die drei Flächen unten mit den entsprechenden Farben aus und schreibe mit einem schwarzen Stift über die Farbe, was dir zu den drei Abschnitten des Apostolischen Glaubensbekenntnisses einfällt.

Rot steht für Jesus, denn …	Gold symbolisiert Gott, denn …	Blau erinnert an den Heiligen Geist, denn …

Apostolisches Glaubensbekenntnis:

Ich glaube an Gott,
den Vater, den Allmächtigen,
den Schöpfer des Himmels und der Erde.

Und an Jesus Christus,
seinen eingeborenen Sohn, unsern Herrn,
empfangen durch den Heiligen Geist,
geboren von der Jungfrau Maria,
gelitten unter Pontius Pilatus,
gekreuzigt, gestorben und begraben,
hinabgestiegen in das Reich des Todes,

am dritten Tage auferstanden von den Toten,
aufgefahren in den Himmel;
er sitzt zur Rechten Gottes,
des allmächtigen Vaters;
von dort wird er kommen,
zu richten die Lebenden und die Toten.

Ich glaube an den Heiligen Geist,
die heilige christliche Kirche,
Gemeinschaft der Heiligen,
Vergebung der Sünden,
Auferstehung der Toten
und das ewige Leben. Amen.

MESUSA – EIN ZEICHEN DES BUNDES

Drei äußere Zeichen erinnern einen religiösen Juden täglich an seine Zugehörigkeit zum Judentum. Sie rufen ihm den Bund mit Gott ins Gedächtnis und mahnen ihn zum Einhalten der Gebote: Sein *Gebetsmantel* mit den langen weißen Schaufäden, seine *Gebetsriemen,* die er zum Gebet anlegt und die *Mesusa,* die seinen Wohnungseingang kennzeichnet. Alle drei gehen auf Gebote der Tora zurück.

➡ Gibt es in deiner Religion oder in anderen Religionen, die du kennst, ähnliche Zeichen? Beschreibe sie.

Jüdische Häuser oder Wohnungen erkennt man an der Mesusa, einem kleinen Kästchen aus Holz, Metall oder Plastik, das am rechten Türpfosten angebracht ist. Darin ist eine Pergamentrolle mit einer Abschrift des *Schma Israel* enthalten. Mit dem Aufhängen der Mesusa wird das biblische Gebot erfüllt: „Und du sollst sie schreiben auf die Pfosten deines Hauses, und an deine Tore." (Deuteronomium 6,9) Beim Betreten und Verlassen der Wohnung wird die Mesusa mit der Hand berührt und diese dann an die Lippen geführt, um Gott um Schutz zu bitten.

➡ Mit der Mesusa wird beim Betreten und Verlassen der Wohnung ein kleines Ritual vollzogen. Kennst du ähnliche Rituale für das Betreten und Verlassen von Räumen?

Das Schma Israel

(in der Übersetzung von Leopold Zunz, Deuteronomium 6,4–9)

Höre, Jisrael, der Ewige unser Gott ist ein einiges ewiges Wesen.
Und du sollst lieben den Ewigen deinen Gott mit deinem ganzen Herzen, und mit deiner ganzen Seele, und mit deinem ganzen Vermögen.
Und es sollen diese Worte, die ich dir heute gebiete, in deinem Herzen sein,

Und du sollst sie einschärfen deinen Kindern und davon reden, wenn du sitzest in deinem Hause und wenn du gehest auf dem Wege, und wenn du dich hinlegst, und wenn du aufstehst,
Und du sollst sie binden zum Wahrzeichen an deine Hand, und sie sollen sein zum Denkbande zwischen deinen Augen,
Und du sollst sie schreiben auf die Pfosten deines Hauses, und an deine Tore.

➡ Das *Schma Israel* enthält die wichtigsten Grundsätze der jüdischen Lehre. Fasse sie zusammen:

➡ Welchen christlichen Text kennst du, der einen ähnlichen Stellenwert hat? Schreibe den Text auf die Blattrückseite. Gibt es Gemeinsamkeiten zum Schma Israel?

SCHABBAT – RUHETAG – ALLTAG

➡ Stell dir vor, es ist Sonntag. Wie sieht dein Tagesablauf aus?

➡ Was magst du besonders am Sonntag, was stört dich?

Die Idee des Sonntags geht zurück auf die jüdische Tradition des Schabbat.

Der Schabbat

Für den Schabbat, den siebten Tag und Höhepunkt der jüdischen Woche, gelten besondere Regeln, deren Einhaltung zu den höchsten Geboten des jüdischen Glaubens zählt. Die so genannte Schabbatruhe geht auf die folgenden Verse aus der biblischen Schöpfungsgeschichte zurück: „Und Gott hatte vollendet am siebenten Tage sein Werk, das er gemacht, und ruhete am siebenten Tage von all seinem Werke, das er gemacht. Und Gott segnete den siebenten Tag und heiligte ihn, denn an demselben ruhete er von all seinem Werke, das Gott geschaffen, um es zu fertigen."
(Gen 2,2–3, vgl. auch Ex 20,9–10)

Bemerkenswert ist, dass die Schabbatruhe alle – Männer, Frauen, Kinder, Knechte – mit einbezieht. Dies ist ein wichtiger sozialer Aspekt.
Das allgemeine Arbeitsverbot wird durch zahlreiche detaillierte Regeln in Tora und Talmud weiter ausgeführt. So darf man am Schabbat z. B. kein Feuer anzünden, nicht kochen, nicht reisen, nicht schreiben und keine Lasten tragen. Aus den alten Regeln lassen sich neue, auf das moderne Leben abgestimmte, ableiten: Weil das Feueranzünden verboten ist, darf man auch nicht rauchen, Auto fahren (wegen des Zündfunkens, der den Motor in Gang setzt) oder elektrischen Strom einschalten. Umgekehrt kann man auch moderne Errungenschaften nutzen, um den Vorschriften Genüge zu tun: Zeitschaltuhren, spezielle Warmhalteplatten, die am Freitag programmiert werden.

Der Schabbat als Ruhetag gilt als Geschenk Gottes. Laut Tora ist der Schabbat ein Zeichen des Bundes zwischen Gott und dem Volk Israel (Ex 31,16–17). Im Talmud wird er zu den Dingen gezählt, die einen Vorgeschmack auf die kommende Welt bieten.
Wie jeder jüdische Tag beginnt auch der Schabbat mit dem Sonnenuntergang. Kurz vor dem Sonnenuntergang zündet die Frau des Hauses zwei Schabbatkerzen an und leitet mit dem folgenden Segensspruch den Schabbat ein:
Gesegnet seiest du, Herr, unser König der Welt, der du uns geheiligt hast durch deine Gebote und uns befohlen hast, das Licht des Schabbats zu entzünden.
Nach dem Anzünden der Schabbatkerzen gehen religiöse Juden in die Synagoge, um dort mit einem Gottesdienst den Schabbat zu empfangen (Kabbalat Schabbat).
Die Mahlzeit am Schabbatabend (Freitagabend) wird mit einem Segensspruch über Wein und Brot begonnen (Kiddusch). Am Samstagvormittag wird in der Synagoge der wöchentliche Abschnitt aus der Tora vorgelesen. Am Samstagabend endet der Schabbat mit Sonnenuntergang. Er wird mit einer besonderen Zeremonie (Hawdala) verabschiedet. Dabei wird der Segen über Wein und wohl riechende Kräuter gesprochen, die in eine Bessamin-Büchse gefüllt wurden (Bessamin, hebräisch „Wohlgeruch"). An ihr wird gerochen, um den „Wohlgeruch des Schabbat" in die Woche zu tragen.

➡ Lies den Text. Schreibe auf die Rückseite dieses Blattes oder in dein Heft wichtige Elemente des Schabbat.

➡ Gibt es Ähnlichkeiten zu deinem Sonntag, wie du ihn oben beschrieben hast?

➡ Warum gibt es eigentlich eine Unterscheidung zwischen Alltag und Sonntag bzw. Schabbat?

DIE BIBEL

Zeichnung: Romulus Candea
© CARO

➡ Beschreibe, welche Bedeutung die Bibel für den „Forscher" auf der Zeichnung hat.
In welcher Beziehung steht er zu ihr?

_____

_____

➡ Was bedeuten für ihn die anderen Bücher? Informiere dich über die Titel der Bücher auf der linken Seite.

_____

_____

➡ Was bedeutet das Wort *Bibel* in seiner ursprünglichen Bedeutung?
Schreibe auf, was du von der Bibel weißt.

_____

_____

➡ Was könnte die Frau denken oder antworten?
Auf welches Problem macht die Karikatur aufmerksam?

_____

_____

_____

_____

Zeichnung: Thomas Plaßmann © Baaske Cartoons, Müllheim

➡ Welche Gemeinsamkeiten gibt es zwischen beiden Karikaturen im Hinblick auf die Bibel?

_____

_____

RELIGION IN MEINER STADT (1)

➡ Was fällt dir spontan ein, wenn du die Überschrift liest?

_____

_____

➡ Geh auf die Suche nach Religion in deiner Stadt oder in deinem Ort
und notiere deine Entdeckungen unter den Beispielen.

Straßenschilder	Gebäude	Diakonische Einrichtungen
Am Gottesacker		BAHNHOFSMISSION
Hinweisschilder	Denkmäler	Litfasssäule
ev. Gottesdienst SO 10Uhr		 EINLADUNG zur Meditation ... YOGA
Mahnmal	Menschen	Schaufenster
DEN OPFERN		

Außerdem ist mir noch Folgendes aufgefallen:

_____

_____

_____

➡ Versuche deine Eindrücke zu ordnen:
Wo handelt es sich nur um Worte oder Bilder ohne echte und aktuelle religiöse Bedeutung?
Wo wird Geschichte gezeigt, die auch für die Gegenwart bedeutsam ist?
Wo wird gelebte Religion deutlich?

RELIGION IN MEINER STADT (2)

➡ In unseren Wohnorten, an den Straßen und auch abseits der Wohnsiedlungen gibt es viele Zeugnisse vergangener und gegenwärtiger gelebter Religion, wie z. B. Gebäude, Hinweisschilder, Wegekreuze, Denkmäler, Friedhöfe,

_____

➡ Suche dir eine deiner Entdeckungen von S. 25 aus und beschäftige dich damit näher:

Mein Thema heißt: _____

Folgendes habe ich dazu gefunden (Aufzählung): _____

_____

_____

Mit folgendem Beispiel habe ich mich näher beschäftigt: _____

„Fundort": _____

Ich habe das Beispiel ausgesucht, weil _____

➡ Male ein Bild bzw. klebe ein Foto ein (oder beschreibe dein Beispiel)

➡ Ich habe herausgefunden: _____

_____

_____

_____

➡ Meine Gedanken dazu: _____

_____

_____

➡ Wenn ihr in der Klasse eure Blätter zusammentragt, könnt ihr etwas über die religiöse Vielfalt eurer Stadt erkennen. Welche existentiellen Erfahrungen (z. B. Armut, Tod o. Ä.) werden thematisiert? Sind außer der christlichen auch andere Religionen vertreten? Welche?

„EINE GÖTTIN MIT AUGEN VOLLER LIEBE"

➔ Betrachte die Teile der Abbildung einzeln (links, Mitte, rechts), indem du jeweils die anderen Teile abdeckst und notiere daneben oder auf einem extra Blatt deine Gedanken. Lies anschließend deine Gedanken und betrachte das *gesamte* Bild. Was denkst du darüber?

Eine Göttin mit Augen voller Liebe

[...]
Noch ist der 17 Meter hohe Hauptturm (Goppuram) eingerüstet, doch sein reicher Figurenschmuck naht der Vollendung. Bis zu zehn indische Handwerker haben in den letzten Monaten – ohne Zeichnung oder Vorlagen – wahre Meisterwerke in den Mörtel modelliert. Unschwer zu entdecken der elefantenköpfige Ganesha, die wohl populärste Gottheit im hinduistischen Pantheon. Kein Wunder, gilt der dickbäuchige Geselle doch als Mehrer von Liebe und Wohlstand. Doch nicht seinen Namen trägt der Hammer Hindu-Tempel (27 mal 27 Meter), sondern den der in Südindien verehrten Sri Kamadchi, der Göttin „mit den Augen voller Liebe".

[...]
Die Anfänge waren überaus bescheiden: Eine ausrangierte Kegelbahn diente als Stätte für die farbenfrohen, rauchgeschwängerten Zeremonien mit Opfergaben aus Blüten, Milch und Kokosnüssen. Mit der Zeit wurde der Zulauf immer größer, und die Anwohnerproteste mehrten sich. Ein größerer Tempel musste her.
[...]
1999 schließlich erfolgte der Kauf eines 4 500 Quadratmeter großen städtischen Grundstücks im Gewerbegebiet. Mehrere Gründe gaben dafür den Ausschlag: Kein Anwohner sollte sich fortan belästigt fühlen, wenn – wie im letzten Jahr – über 10 000 Hindus aus allen Teilen der

Bundesrepublik und dem benachbarten Ausland mit ihren Pkw zum Tempelfest anreisen. Die Nähe zur Autobahn A2 gilt deshalb als weiterer Standortvorteil. Und schließlich der nahe Datteln-Hamm-Kanal: Er dient den Hindus beim Tempelfest zur rituellen Reinigung.
Wie bitte – dieses trübe Gewässer? „Der Kanal ist allemal sauberer als der Ganges", so die entwaffnende Antwort der Hindus, die derzeit noch in einem kahlen, provisorischen Gebetshaus („Bitte Schuhe ausziehen und Handys ausmachen") unweit der Baustelle zusammenkommen. [...]

(Rheinische Post, 6.3.2002)

➔ Was erfährst du in diesem Artikel über den Hinduismus?

_____

_____

_____

_____

➔ Informiere dich (z.B. in einem Lexikon) über die im Artikel genannten Gottheiten und Riten.

➔ Was denkst du über die Errichtung eines Hindu-Tempels in einer Stadt in deiner Nähe? Formuliere deine Meinung als Leserbrief.

FRAGEZEICHEN AM HORIZONT

Im Frühjahr und Sommer 2002 waren in ganz Deutschland im Rahmen einer Öffentlichkeitsinitiative der Evangelischen Kirche Deutschlands Tausende von Plakaten zu sehen: In riesigen Lettern wurde der Betrachter mit grundlegenden Lebensfragen konfrontiert:
Zum Beispiel: „Was ist Glück?" Oder: „Wie gewinnt man eigentlich Freunde?"
Jeweils vier Antwortmöglichkeiten bot jedes Plakat an. So könnte „Glück" bestehen: in einer Gehaltser-höhung, Gesundheit, einem Ticket für die Fußball-WM oder darin, wieder mal bei Oma Erdbeerkuchen zu essen. Man vermisst vielleicht andere Lösungen, wird dafür aber zum Gespräch eingeladen:
„Lassen Sie uns gemeinsam Antworten finden."

➡ Das folgende Plakat bietet zu der gestellten Frage keine Antwortmöglichkeiten.
Welche findest du? Schreibe sie – und weitere Gedanken zu dieser Frage – auf:

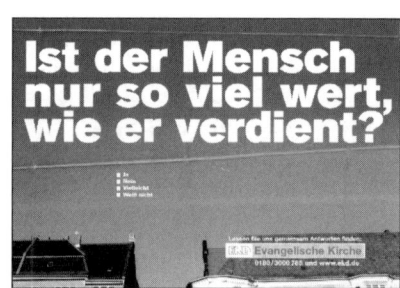

„Unsere Kampagne hilft, die Vordergründigkeit mancher Lebensfragen zu durchstoßen und lebensgeschichtlich bedeutsame Antworten vom Evangelium her zu entwickeln." (Landesbischof Ulrich Fischer)

➡ Bedenkt diese Aussage von Ulrich Fischer und versucht auf die verschiedenen Fragen der Plakate entsprechende Antworten zu finden. Arbeitet dazu in Gruppen: Jede wählt eine andere Frage aus und schreibt sie in die Mitte eines DIN-A-3-Blattes. Ihr entwickelt eine Gedankentraube, indem der Erste seine Antwortvorschläge aufschreibt, der Nächste diese fortsetzt oder eigene Ideen direkt zur Frage notiert. Zum Schluss soll das gesamte Blatt mit euren Gedanken gefüllt sein.

➡ Gestaltet selbst ähnliche Anzeigen. Beginnt mit einer Auswahl bedenkenswerter Fragestellungen.

RELIGIÖSES IM VIDEOCLIP (1)

(Foto: ap, Frankfurt a. M.)

➡ Die Abbildung zeigt eine Statue der indischen Göttin Kali. Was siehst du, was denkst du darüber oder welche Fragen hast du dazu?

_____

_____

_____

_____

_____

So präsentiert sich die Popsängerin Madonna in einem Videoclip. Was siehst du, was denkst du darüber oder welche Fragen hast du dazu?

_____

_____

_____

_____

_____

➡ Was fällt dir auf, wenn du diese beiden Bilder nebeneinander siehst?

_____

_____

_____

➡ Was meinst du, warum sich Madonna hier wie eine indische Göttin präsentiert?

_____

_____

➡ Kennst du andere Videoclips, die sich auf Darstellungen aus einer Religion beziehen?

_____

➡ Achte beim Ansehen eines Musiksenders darauf und versuche dir ein Beispiel zu merken. Erzählt euch in der nächsten Stunde gegenseitig von euren Beobachtungen. Sprecht darüber, warum religiöse Darstellungen in Videoclips vorkommen.

RELIGIÖSES IM VIDEOCLIP (2)

Wenn du dir Videoclips eines Musiksenders genau ansiehst, kann du entdecken, dass sie manchmal religiöse Handlungen oder religiöse Symbole enthalten. Manche erzählen auch ganze Geschichten, die mit Religion zu tun haben.

➡ Suche ein Beispiel und beschreibe es:

_____

_____

_____

_____

➡ Skizziere drei Bilder daraus:

➡ Was haben diese Szenen deiner Meinung nach mit Religion zu tun?

_____

_____

_____

➡ Welchen Bezug zu deinem Leben siehst du?

_____

_____

_____

➡ Tragt die Beispiele aus eurer Klasse zusammen, listet die darin angesprochenen Themen und ihren Bezug zum Leben Jugendlicher auf. Welche Themen sind am häufigsten vertreten? Warum?

_____

_____

_____

KULTSTARS ALS GÖTTER? (1)

„Kultstars sind unsere tonangebenden Götter"

CHRISMON: Herr Will, unter dem Motto: „MTV – you better believe" (besser, du glaubst!) zeigen Sie in einer Anzeige einen Hindu-Gott, in einer anderen Mutter Teresa, jeweils in Verbindung mit Ihrem Firmenlogo. Was soll das?

MICHAEL WILL: Es wäre eine Anmaßung, wenn sich MTV mit einer Kirche vergleichen würde. Fakt ist allerdings, dass sich besonders Jugendliche von traditionellen Werten wie Kirche, Familie und Parteien lösen. Orientierung suchen sie unter anderem bei Kultmarken, und zu denen zählen wir uns. Unsere Kampagne gibt also ein Spiegelbild der Gesellschaft. Die religiöse Komponente dabei sollte man mit einem Augenzwinkern und metaphorisch sehen. Was in der Kirche ein Gebet ist, ist bei uns ein guter Song. Kultstars und Kultmarken sind bei uns die tonangebenden Götter. Wir sorgen für den täglichen Kick im Diesseits, die Kirche verspricht das Paradies im Jenseits.

Die Botschaft der Kultstars lautet im Wesentlichen: Fühlt euch gut, guckt MTV und kauft bitte meine CD. Ist das nicht ein bisschen arg simpel?

WILL: Im Mittelpunkt unserer Kampagne steht der Glaube an sich selbst. Stark zu sein und den Mut zu haben, sich für Dinge einzusetzen, die einem wichtig sind. Und das geht über das „Fühlt euch gut und kauft CDs" weit hinaus. Wir sagen: Wenn es um Musik, Fashion und Trends geht, gibt dir MTV die Sicherheit und zeigt dir den Weg. Die Kirche mag für andere Lebensbereiche Hilfestellung leisten, aber im Grunde sitzen wir hier in einem Boot.

Wenn MTV für so viel Gutes steht, warum zeigen Sie dann wieder Mutter Teresa? Damit benutzen Sie doch nur das positive Image anderer.

WILL: Im Gegenteil. Wir zelebrieren populären Glauben und signieren diesen mit unserem MTV-Zeichen. Ein durchweg positiver Ansatz. Aus unserer Sicht ist das eine Auszeichnung, wir feiern Religionen. Und bei unserer Zuschauerschaft der 14- bis 29-Jährigen gehe ich selbstbewusst davon aus, dass das positive Image der Marke MTV auch der Kirche ganz gut zu Gesicht steht.

Rainer Jung

(chrismon plus 5/2001)

➡ Lest das Interview mit verteilten Rollen. Führt anschließend eine Pro-und-Kontra-Diskussion zum Thema: *MTV als Vermittler von Religion?* Vorher sucht ihr die Argumente aus dem Text heraus und schreibt sie auf. Daneben schreibt ihr mögliche Gegenargumente.

Pro	Kontra
Jugendliche suchen Orientierung bei Kultmarken.	

➡ Formuliere anschließend deine eigene Meinung in Form einer E-Mail an den Sender (info@mtv.de).

KULTSTARS ALS GÖTTER? (2)

In dem Interview der Zeitschrift *chrismon plus* mit dem Marketingleiter des Musiksenders MTV, Michael Will, geht es um einen Werbefeldzug des Senders mit dem Thema Religion.
M. Will vergleicht religiöse Phänomene mit denen der Pop-Musik.

➜ Ergänze die Vergleiche und schreibe dazu, was diese Bereiche für dich bedeuten.

Orientierung an Kultmarken	**Orientierung an der Kirche**
bedeutet für mich _____	*bedeutet für mich* _____

Ein guter Song	**Gebet**
bedeutet für mich _____	*bedeutet für mich* _____

Kultstars als tonangebende Götter	**Gott**
bedeutet für mich _____	*bedeutet für mich* _____

Kick im Diesseits	**Paradies im Jenseits**
bedeutet für mich _____	*bedeutet für mich* _____

➜ Im Hinblick auf die Kirche sagt Will: „Im Grunde sitzen wir (...) in einem Boot". Was meint er damit?

_____

_____

_____

_____

VERMARKTUNG VON RELIGION (1)

Zur Jahrtausendwende wurde eine groß aufgemachte bunte Broschüre aus Pappe mit Bestellkarte als Postwurfsendung an die Haushalte verteilt.

Sichern Sie sich das Leben Christi in Serie - ohne Verpflichtung!

In der Silber-Kollektion „2000 Jahre Christentum" finden Sie die großen, biblischen Stationen von Jesus Christus.

Jede einzelne Medaillen-Prägung aus feinstem Silber wird Sie auf eindrucksvolle Art teilhaben lassen am Leben und Wirken Christi: Getreu nach historischen Vorlagen von Künstlerhand entworfen; ein kleines Meisterwerk, das Ihnen die größte Geschichte der Welt ganz nahe bringt.

Wenn Sie Ihre Medaille in Silber, „Christi Geburt", behalten, dürfen Sie sich später auf ein neues Motiv freuen - immer 10 Tage unverbindlich zur Ansicht.

So sichern Sie sich das Leben Christi ganz einfach in Serie - ohne Verpflichtung. Und Sie zählen damit zu den weltweit nur 10.000 Menschen, die im Rahmen der limitierten Auflage bedient werden können. Und sogar die wertvolle Präsentations-Kassette im Rahmen der Sammlung erhalten.

Ihre RESERVIERUNGS-KARTE bringt Ihnen „Christi Geburt" als Medaille in feinstem Silber - und mehr:

Die auf Ihren Namen ausgestellte, numerierte Besitzurkunde wird Sie mit Stolz erfüllen; die Themenkarte wird Ihr Wissen über das Motiv und seine Bedeutung vertiefen - und das Dankeschön wird Sie zusätzlich bestärken: Es war die richtige Entscheidung, die RESERVIERUNG abzusenden!

➡ An welche Menschen richtet sich diese Werbung (Zielgruppe)?

_____

_____

➡ Mit welchen Mitteln wirbt die Broschüre (Bildgestaltung und Art der Texte)?

_____

_____

_____

➡ Bei genauerem Lesen kannst du feststellen, dass der Text der Broschüre viele Widersprüche zur christlichen Botschaft enthält. Suche Sätze, Teilsätze oder Wörter heraus und erkläre, warum sie der christlichen Botschaft widersprechen. (Schon in der Überschrift kann man drei Widersprüche entdecken.)

Zitat	Widerspruch zur christlichen Botschaft

VERMARKTUNG VON RELIGION (2)

Eine Schülerin des zehnten Jahrgangs hat einzelne Wörter aus der auf S. 33 abgebildeten Werbebroschüre ausgeschnitten und sie in einem eigenen kritischen Text verwendet.

Da haben uns also „**2000 Jahre Christentum**" (immerhin in Anführungszeichen) hingeführt: Als **DANKESCHÖN** für seinen Tod lassen wir Jesus **IN SILBER** (!) in einer immerhin **edlen Präsentations-Kassette** in einer Schublade verstauben. Und zwar ganz – **OHNE VERPFLICHTUNG**! Haben die Christen seine Lehre nach 2000 Jahren immer noch nicht verstanden? **RESERVIERUNG** des Reiches Gottes mit einer **Silber-Kollektion**, in weiteren 1000 Jahren wird es ja vielleicht eine Gold-Kollektion, oder wie war das noch mit dem Kamel und dem Nadelöhr? Warum gründete Luther noch gleich die evangelische Kirche? Wie weit haben wir uns schon entfernt, wenn uns **jede einzelne Medaillen-Prägung aus feinstem Silber auf eindrucksvolle Art teilhaben lassen wird** am **Leben und Wirken Christi**?? Ich frage mich, was Jesus tun würde, wenn er diese Anzeige lesen würde. Ich glaube, er würde still sein und weinen, so wie er es einst tat, als er auf dem Ölberg stand. Und er hat recht, mehr kann ich dazu auch nicht sagen. Vielleicht kann ich ihn ja finden, indem ich mich aufmache und ihm leise nachfolge.

→ Was kritisiert die Schülerin und warum?

_____

_____

_____

_____

_____

_____

→ Was denkst du darüber?

_____

_____

_____

_____

→ Suche weitere Beispiele von direkter Vermarktung von Religionen und überlege, ob sie der jeweiligen Religion gerecht werden oder ob sie im Widerspruch dazu stehen.

1. Eine Engelsfigur als Weihnachtsschmuck zeigt die christliche Botschaft / widerspricht ihr, weil

_____

2. _____

_____

3. _____

_____

„WARUM SCHUF GOTT TAG UND NACHT?"
(RELIGIÖSE WERBESPRÜCHE)

RELIGION

Religion im Alltag

Folgende Frage stand eine Zeit lang jeden Tag groß in Gelb auf rotem Untergrund in einer Werbeanzeige einer Telefongesellschaft in verschiedenen Tageszeitungen (z.T. ganzseitig).

> **Warum schuf Gott Tag und Nacht?**

➡ Was würdest du darauf antworten, wenn du die Frage ernst nimmst?

_____

_____

➡ Vergleicht eure Antworten. Gibt es Gemeinsamkeiten?
Die Werbeanzeige selbst antwortet (in kleiner Schrift) mit folgendem Satz: „Damit der Mensch den Überblick behält". Gibt es Antworten von euch, die einen ähnlichen Aspekt beinhalten?

_____

_____

➡ Lies den Text in der Bibel, auf den sich der Spruch bezieht: Genesis 1,1 – 2,4a. Welche Antwort würdest du gemäß diesem Text auf die oben gestellte Frage geben?

_____

_____

_____

Viele andere Werbesprüche greifen religiöse Fragen oder Aussagen auf, z. B.

> _Es gibt einen Ort, wo ..._ (Internetfirma)
>
> _Nach mir die Sintflut_ (Zigaretten)
>
> _Jeder Mensch ist einzigartig (Unsere Sessel auch!)_
>
> _Im Mittelpunkt steht der Mensch_ (Automarke)
>
> _Wer einen Abonnenten wirbt, kommt in den Himmel ..._ (nächste Seite) ... _und auch wieder runter_ (Zeitschrift)
>
> _Trotz Regen zum Segen_ (Autoreifen)
>
> _Einladung ins Paradies_ (Energiekonzern)
>
> _Grenzenloses Glück_ (Telefongesellschaft)
>
> _Alles schläft, einsam wacht ..._ (Autoheizung)
>
> _Lebe deine Sünden!_ (alkoholisches Getränk)

➡ Ergänze die Beispiele. Suche dir einen Spruch aus und bearbeite ihn ähnlich, wie du es mit der obigen Frage getan hast:
– Was denkst du über die Frage oder Aussage in dem Spruch, wenn du sie ernst nimmst?
– In welchem Zusammenhang stellt die Anzeige diesen Spruch?
– Erkundige dich über den religiösen Hintergrund (Bibel, Religionsbuch, Lexikon usw.)

„IMMER DA. IMMER NAH."
(RELIGIÖSE ELEMENTE IN WERBEANZEIGEN)

➡ „Immer da. Immer nah." In diesem Slogan einer Versicherungsgesellschaft ist eine religiöse Botschaft enthalten, die nicht jedem sofort auffällt. Welche?

_____

_____

_____

➡ Sammelt Werbeanzeigen mit religiösen Elementen. Untersucht Gestaltung, Bilder und Texte *einer* Anzeige genau (Partnerarbeit):

• Gibt es Symbole (z. B. *Farben, Engel, Hand, Feuer*), Begriffe (z. B. *Himmel, Segen*) oder Sätze, die aus dem Bereich der Religionen stammen oder an Religiöses erinnern?

_____

_____

_____

• Werden ganze Geschichten dargestellt bzw. wird auf sie angespielt (z.B. *Arche Noah, Geburt Christi*)?

_____

• Welche versteckten religiösen Botschaften enthält die Anzeige im Text oder im Bild?

_____

_____

➡ Stellt die Anzeige euren Mitschülern vor, indem ihr die einzelnen Elemente erklärt. Ihr könnt die Anzeige auf ein Plakat kleben, mit Strichen auf die einzelnen Elemente verweisen und eure Erklärungen dazu schreiben.

➡ Versucht danach die folgenden weiterführenden Fragen zu beantworten:

Was verspricht die Anzeige? _____

_____

Können die Versprechen eingelöst werden? Wenn ja, wie? _____

_____

_____

Auf welche Sehnsüchte und Hoffnungen, die in der Werbung angesprochen werden, gibt es christliche Antworten? Welche?

_____

_____

VERLETZUNG RELIGIÖSER GEFÜHLE?
(„PFARRER RAUCHT IM BEICHTSTUHL")

Ich finde die Anzeige _____ ,

weil _____

_____

Ich finde die Anzeige _____ ,

weil _____

_____

Bischöfe gegen Werbung

BONN. Die Deutsche Bischofskonferenz hat gegen eine Werbung des Telefonanbieters TelDaFax protestiert. Die in vielen Zeitschriften veröffentlichte Anzeige verwende „einen ganz zentralen religiösen Text zu kommerziellen Zwecken", beklagte die Bischofskonferenz gestern in Bonn. Sie verletze damit das religiöse Empfinden vieler Menschen. In der Werbung heißt es unter Anspielung auf das Weihnachtsevangelium: „Es begab sich aber zu der Zeit, dass ein Gebot ausging von TelDaFax ..."

(Rheinische Post, Dez. 1998)

Kirche beschwert sich:
Pfarrer raucht im Beichtstuhl

BONN. Mit einem rauchenden Pfarrer im Beichtstuhl hat die Zigarettenmarke West für Zündstoff gesorgt. Die bundesweite Werbung auf Plakaten und in Zeitschriften berührte das religiöse Empfinden einiger Christen. Gestern wandte sich die katholische Kirche mit einer Beschwerde an den Deutschen Werberat. Es handele sich um „Missbrauch eines seriösen Motivs", begründete die Deutsche Bischofskonferenz in Bonn. [...]

(Rheinische Post, 11.04.00)

➡ Was kritisieren die Bischöfe?

_____

_____

➡ Nimm die Position der Bischöfe ein und vervollständige folgende Sätze ihrer Sicht:

Die Anzeige verletzt das religiöse Empfinden, weil _____

_____

Man sollte religiöse Inhalte nicht zu kommerziellen Zwecken einsetzen, weil _____

_____

_____

KIRCHE ALS LITFASSSÄULE

➡ Was bedeutet ein Kirchengebäude für dich?

_____

_____

Umstrittene Werbeaktion an Berliner Gedächtniskirche

Schöne lächeln vom Turm

BERLIN. Das deutsche Model Claudia Schiffer und die US-Schauspielerin Andie MacDowell werben seit gestern auf einem ungewöhnlichen Bauwerk für eine französische Kosmetikfirma: Ein Plakat mit den beiden lächelnden Schönen ziert den 53 Meter hohen Kirchturm der Berliner Gedächtniskirche. Die Aktion soll Geld in die leere Gemeindekasse schwemmen. Mit den Werbeeinnahmen wird die Sanierung des seit einiger Zeit bereits eingerüsteten Turms finanziert. Bei der Evangelischen Kirche stieß der Werbegag nicht auf Bedenken. Bischof Wolfgang Huber verteidigte die Aktion: „Es wird für eine Kosmetikfirma geworben, für ein Produkt, das auf Körperteile angewendet wird, die sichtbar sind, wenn eine Frau normal bekleidet ist." Man müsse aber aufpassen, dass mit Werbung an einem Kirchturm nicht die Gefühle von Menschen verletzt würden.

(Foto: dpa Berlin, Text: Rheinische Post, 11.5.1999)

➡ Betrachte das Foto. Welches Menschenbild wird durch die Werbung dargestellt? Was drückt die Kombination von Kirchengebäude und Werbung für Schönheit aus? Was könnte z. B. ein alter oder ein behinderter Mensch beim Blick auf diese Kirche fühlen?

_____

_____

_____

➡ Spielt die Gemeindeversammlung, die darüber entscheidet, ob das Kirchengebäude für Werbezwecke gebraucht werden darf. Überlegt euch zuvor mit Hilfe des Textes Pro- und Kontra-Argumente.

• Aspekte, die besprochen werden sollten: _____

_____

_____

• Was spricht für Werbung an der Kirche? _____

_____

_____

• Was spricht dagegen? Sollte es Beschränkungen geben? Welche? _____

_____

„WAS SOLL ICH MACHEN, BOSS?"
(WERBUNG IN DER KIRCHE)

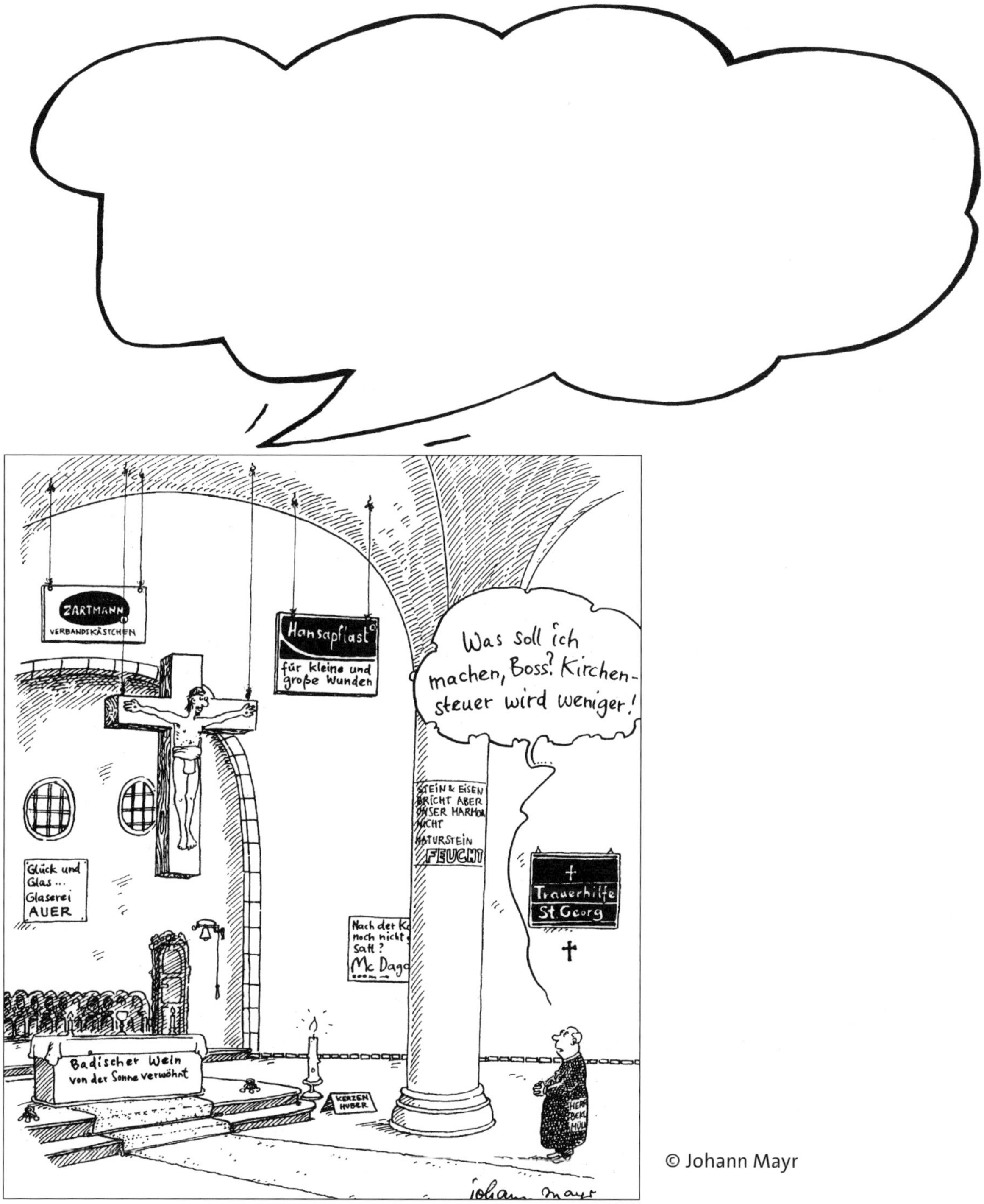

© Johann Mayr

→ Schreibe in die Sprechblase, was Jesus antworten könnte.

→ Sieh dir die einzelnen Werbesprüche an. Auf welche Elemente in der Kirche oder im christlichen Glauben spielen sie an?

• *Badischer Wein ...* _____

• _____

• _____

„ER GLAUBT, DASS ER WIEDERGEBOREN WIRD ...“
(NICHTCHRISTLICHE RELIGIONEN IN DER WERBUNG)

Er glaubt, dass er wiedergeboren wird.

Sie weiß es.

Wenn eine Weißblechdose dahingeht, geht sie nicht irgendwohin: Sie geht ins Recycling. Just dort wird sie wiedergeboren. Darum: Machen Sie mit, und werden Sie Wiedergeburtshelfer. Werfen Sie Ihre Dose in die Tonne. Sie kommt zurück. Wir sprechen aus Erfahrung. Weißblech. Voll gut. Leer gut.

Eigene Gedanken zu der Anzeige:

➡ Versetze dich in die Lage desjenigen, der die Anzeige entwickelt hat. Er möchte sie dem Werbekunden verkaufen und braucht für die Präsentation Argumente zum Gesamtkonzept der Anzeige und zu den einzelnen Elementen (Thema, Bilder, Text, Hintergrund). Welche Zielgruppen werden angesprochen? Wo soll die Anzeige veröffentlicht werden (Zeitschriften, Plakate ...)? Schreibe seine Rede auf.

Meine Damen und Herren!

➡ Informiere dich darüber (z. B. in einem Religionslexikon oder Schulbuch), was Wiedergeburt im hinduistischen Glauben bedeutet, und schreibe die wichtigsten Punkte auf:

➡ Suche weitere Werbeanzeigen, auf denen mit Elementen aus anderen Religionen geworben wird und bearbeite sie ähnlich. Ihr könnt in der Klasse die Präsentation nachspielen und eure Anzeigen vorstellen.

GEBETSHALTUNGEN IM HINDUISMUS

In den nächsten Stunden kannst du gemeinsam mit deinen Mitschülerinnen und Mitschülern verschiedene Gebetshaltungen der Religionen ausprobieren. Dabei ist es wichtig, dass du den Texten und Formen Achtung entgegenbringst und dich ernsthaft darauf einlässt, indem du die Aufgaben möglichst leise und konzentriert durchführst. Es geht um die Erprobung von Meditationspositionen, die dir neue Erfahrungen ermöglichen können.

Die Tibetanische Niederwerfung im Hinduismus

Hinweis: Führe die angegebene Übung in einer fließenden Bewegung so durch, dass du deinen Atem ruhig und gleichmäßig strömend einteilst. Wenn du die Übung mehrfach ausgeführt hast, kann das Ausatmen beim letzten Mal durch einen beliebigen Ton auf dem Wort „Om" gesprochen oder gesungen werden.
Abkürzungen: E = Einatmen, A = Ausatmen

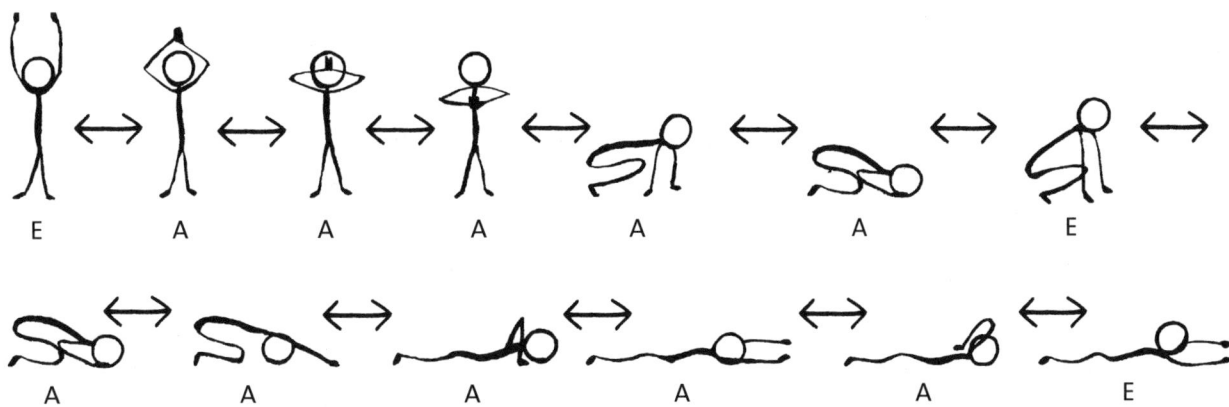

➡ Wie empfindest du das Gebet mit einer Silbe wie „om" ?

_____

_____

_____

_____

➡ Der Gedanke der Unterwerfung gegenüber Gott spielt z. B. auch im Islam eine Rolle (Islam bedeutet wörtlich „Unterwerfung"). Welche Einstellung zu Gott wird durch solch eine Haltung ausgedrückt? Vergleiche sie mit der christlichen Haltung.

_____

_____

_____

➡ Warum werden in den verschiedenen Religionen Körperhaltungen ins Gebet einbezogen?

_____

_____

_____

GEBETSHALTUNGEN IM JUDENTUM

Verneigung im Judentum

Hinweis: Sprecht den folgenden Text gleichzeitig recht leise, aber jeder in seinem eigenen Tempo. Verneigt euch bei der Erwähnung des Wortes Gottes, indem ihr im Stehen von den Zehenspitzen aufwärts eine Welle durch den gesamten Körper bis zum Verneigen des Kopfes macht (dies entspricht nur teilweise dem jüdischen Gebrauch).

MORGENGEBET FÜR WOCHENTAGE: *DER MENSCH IST GUT*

Mein Gott, die Seele, die du mir geschenkt hast, ist rein. Du hast sie geschaffen. Du hast sie sich entwickeln lassen. Du hast sie mir eingehaucht. Du behütest sie in mir. Du wirst sie eines Tages von mir nehmen und in ewiges Leben verwandeln. Mein Gott und Gott meiner Vorfahren, solange die Seele in mir ist, will ich dir danken, denn du waltest über alle Geschöpfe, du herrschst über alle Kreatur. Alles Leben ist in deiner Hand. Gepriesen seist du, Ewiger. Du bringst selbst Toten das Leben zurück.

Gepriesen seist du, Ewiger, unser Gott; du regierst die Welt. Du machst Gebundene frei.

Gepriesen seist du, Ewiger, unser Gott; du regierst die Welt. Du richtest Erniedrigte auf.

Gepriesen seist du, Ewiger, unser Gott; du regierst die Welt. Du gibst mir all das, was ich zum Leben brauche.

Gepriesen seist du, Ewiger, unser Gott; du regierst die Welt. Du machst die Schritte eines Menschen sicher.

Gepriesen seist du, Ewiger, unser Gott; du regierst die Welt. Du krönst Israel mit Ehre.

Gepriesen seist du, Ewiger, unser Gott; du regierst die Welt. Du gibst den Müden Kraft.

Gepriesen seist du, Ewiger, unser Gott; du regierst die Welt. Du nimmst den Schlaf aus meinen Augen und den Schlummer von meinen Wimpern.

Stets sei der Mensch gottesfürchtig, sowohl im privaten als auch im öffentlichen Bereich. Stets bekenne er sich zur Wahrheit, und die Wahrheit beherrsche auch seine Gedanken.

(Aus: Liberale jüdische Gemeinde Beth Shalom München, Jüdische Gebete. München 1996, S.102)

➡ Wie empfindet ihr das gleichzeitige Beten in unterschiedlichem Tempo?

➡ Der Körper spielt im christlichen Gebet oder Gottesdienst keine große Rolle. Was zeigt dies deiner Einschätzung nach?

_____

_____

_____

_____

➡ Könnte und sollte man dies ändern? Erläutere deine Meinung an Beispielen aus dem Gottesdienst.

_____

_____

_____

_____

_____

GEBETSHALTUNGEN IM ISLAM

Rituelle Waschung

Hinweis: Führt die symbolische Reinigung nacheinander mit ein wenig Wasser einzeln wie abgebildet durch und beantwortet danach die Fragen.

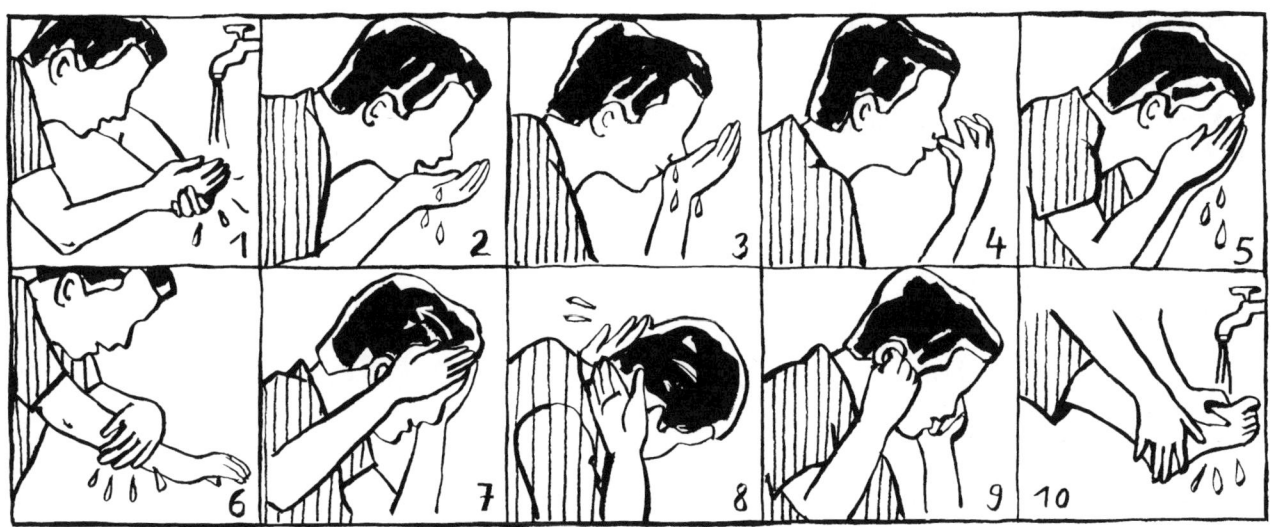

➡ Warum waschen Menschen sich vor dem Gebet?

_____

_____

_____

➡ Welche Körperteile werden vor dem muslimischen Gebet berührt und was soll damit verdeutlicht werden?

_____

_____

_____

➡ Fülle folgenden Lückentext aus:

Wasser spielt auch eine große Rolle in der Religion Indiens, dem _____ . Alle Tempel-

anlagen stehen nahe beim Wasser, denn es werden nicht nur die _____ verbrannt und die Asche

in den berühmten Fluss _____ geschüttet, sondern die Menschen glauben auch, dass das

Wasser den Eintritt der einzelnen Seele (= Wassertropfen) in die Unendlichkeit symbolisiert.

Das _____ am Eingang der katholischen Kirche, wo der Gläubige zu

Beginn des _____ sich die _____ _____ , erinnert noch an

rituelle Reinigungsriten anderer Religionen.

GEBETSHALTUNGEN IM CHRISTENTUM

Die knieende Gebetshaltung

Anweisung: Kniet euch hin und öffnet die Arme leicht abgewinkelt mit den Händen nach oben und sprecht leise das *Vaterunser*.

Du aber geh, wenn du betest, in dein Kämmerlein und schließ die Tür zu und bete im Verborgenen zu deinem Vater; und dein Vater, der ins Verborgene sieht, wird es dir vergelten. Wenn ihr aber betet, sollt ihr kein unnützes Geschwätz machen (...) Ihr sollt nun so beten:

Unser Vater, der du bist im Himmel,
dein Name werde geheiligt,
Dein Reich komme.
Dein Wille geschehe
wie im Himmel, so auch auf Erden.
Und vergib uns unsere Schulden,
wie auch wir vergeben haben
unseren Schuldnern.
Und führe uns nicht in Versuchung,
sondern erlöse uns von dem Bösen.
(Denn dein ist das Reich und die Kraft
und die Herrlichkeit in Ewigkeit. Amen.)

(Matthäus 6,6 – 13)

➡ Welche Gefühle vermitteln euch diese Körperhaltung und Geste des Knieens?

_____

_____

_____

➡ Was unterscheidet diese Handhaltung von sonst üblichen Handhaltungen beim Gebet?

_____

_____

_____

➡ Welche anderen christlichen Gebetshaltungen kennst du? Was drücken sie deiner Meinung nach aus?

_____

_____

_____

➡ Entwirf zu einem Teil des *Vaterunser* eine passende Haltung. Unterstreiche die Textstellen und skizziere oder beschreibe die Haltung neben dem Text (oben).

GEBETSHALTUNGEN IM BUDDHISMUS

Der Lotussitz im Buddhismus

Hinweis: Wichtig ist, dass deine Wirbelsäule gerade ist (lasse dich von deinen Mitschülern kontrollieren). Der Lotussitz ist für viele ungeübte Menschen unbequem: Er kann bei Problemen durch den Schneidersitz ersetzt werden. Schließe die Augen und versuche ruhig zu werden.

➡ Wie empfindest du das stille Gebet ohne Worte?

_____

_____

_____

In der buddistischen Bilderwelt spielen Handgesten *(mudras)* **eine große Rolle:**

1.
„Ermutigungsgeste": die geöffnete, nach oben weisende Hand ermutigt den Betrachter, dem Buddha näherzutreten.

2.
„Geste der Lehre und Diskussion": Daumen und Zeigefinger formen das „Rad der Lehre".

3.
„Erdberührungsgeste": der sitzende Buddha berührt die Erde, um sie als Zeugin für die Wahrheit seiner Worte anzurufen.

4.
„Mußegeste": die linke Hand liegt mit der Innenfläche nach oben.

5.
„Meditationsgeste": die Hände liegen offen übereinander; die rechte Hand ist immer oben.

➡ Probiere die verschiedenen Handhaltungen aus. Wie verändern sie deine Empfindung des Gebets?

_____

_____

_____

_____

_____

WENIGER IST MEHR –
ASKESE IN DEN WELTRELIGIONEN (1)

Was ist Askese?

➜ Definiere mündlich abwechselnd mit deinem Nachbarn die folgenden Begriffe, die Bestandteil von Askese sein können:

◯　◯　◯　◯　◯　◯　◯　◯

Verzichten – Fasten – Hungern – Ehelosigkeit – Keuschheit – Einsamkeit – Schweigen – Bedürfnislosigkeit –

◯　◯　◯

Armut – Demut – Besitzlosigkeit

Bringe die Begriffe durch Nummerieren in eine Rangfolge: Was findest du schwerer oder leichter?

➜ Ordne die folgenden verschiedenen Kurzberichte je einer Religion zu:

Religion: _____

Ja, zunächst ist es schon schwer, auf Essen zu verzichten. Ich kann schon bald an nichts anderes denken als an Essen: Schokolade – Schoko – Scho ... mir zieht sich alles zusammen, und dabei sind es noch zehn Stunden bis Sonnenuntergang. Ich muss keine schwere Arbeit verrichten und bin auch nicht krank, also kann ich fasten. – Nach ein paar Tagen stelle ich fest, dass durch die vielen ausgefallenen Mahlzeiten mehr Zeit da ist zum Nachdenken, um Kontakte zu knüpfen und Kleinigkeiten zu genießen ... Auch freue ich mich viel mehr auf das Essen und es ist besonders schön, dass es in Gemeinschaft mit der ganzen Familie und vielen Freunden stattfindet. Die leckersten Speisen türmen sich auf kostbaren Tüchern. Jedes Essen wird auf diese Weise etwas ganz Besonders: ein Fest.

Religion: _____

Ja, manchmal ist es schon schwer, wenn ich eine junge Mutter mit Kind sehe oder ein verliebtes Paar, aber ein Leben ohne Familie ermöglicht es mir, frei zu sein für vieles andere: Ich kann mich ganz auf die Arbeit mit Behinderten und auf meine Gemeinschaft konzentrieren. Mein Einsatz ist nicht an Zeiten gebunden, denn ich habe keine familiären Verpflichtungen. Auch bin ich flexibel, wenn mein Einsatz an einem anderen Ort gebraucht wird. Ehelos zu sein, heißt ja nicht, dass ich niemanden liebe, sondern, dass ich die Möglichkeit habe mehr Menschen glücklich zu machen.

Religion: _____

Ja, aller Anfang ist schwer, auch im Yoga. Erst durch viel Übung gelingt es mir solche komplizierten Übungen auszuführen. Durch die Disziplin wird mein Wille immer stärker. Ich werde ruhiger und erreiche innerlich manchmal in der Meditation einen Moment, in dem ich völlig frei von allen Abhängigkeiten bin – wie z. B. von Kleidung, Hobbys und Freunden. All dies brauche ich nicht mehr, und eine Schale Reis reicht mir heute als Nahrung. Ich hoffe bald den Zustand zu erreichen, in dem ich nur noch *bin*.

Religion: _____

Ja, man muss sich schon schwer konzentrieren, um an alle Regeln des Verzichtens zu denken: Man darf kein Licht entzünden, nichts kochen, keine weiten Strecken zurücklegen und nicht arbeiten an diesem besonderen Tag. Alle diese Regeln geben mir aber hier im Ausland das Gefühl in der Heimat zu sein. Andere Regeln des Verzichtens begleiten mich durch die Woche. Sie geben mir Halt und erinnern mich an meinen Glauben, z. B. wenn ich meine zwei Spülmaschinen nach den Mahlzeiten einräume, damit ich das Geschirr nach Milch- und Fleischprodukten trennen kann.

WENIGER IST MEHR –
ASKESE IN DEN WELTRELIGIONEN (2)

➡ Welcher der abgebildeten Gegenstände passt zu welcher Religion? Beschrifte die Schildchen.

➡ Markiere in den Texten von S. 46 die Begründungen für das Verzichten in der jeweiligen Religion und schreibe sie mit eigenen Worten in den entsprechenden Gegenstand.
Gibt es ähnliche Verhaltensweisen und Begründungen für Askese in den verschiedenen Religionen?

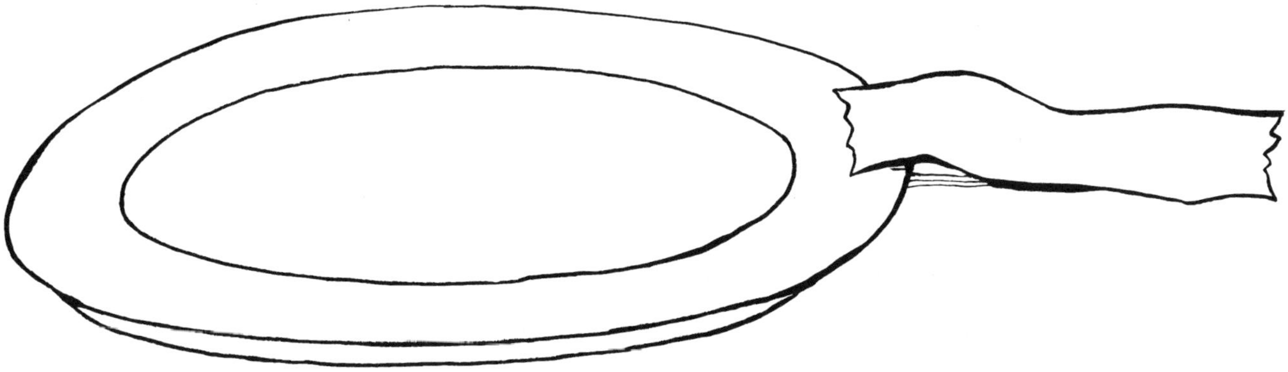

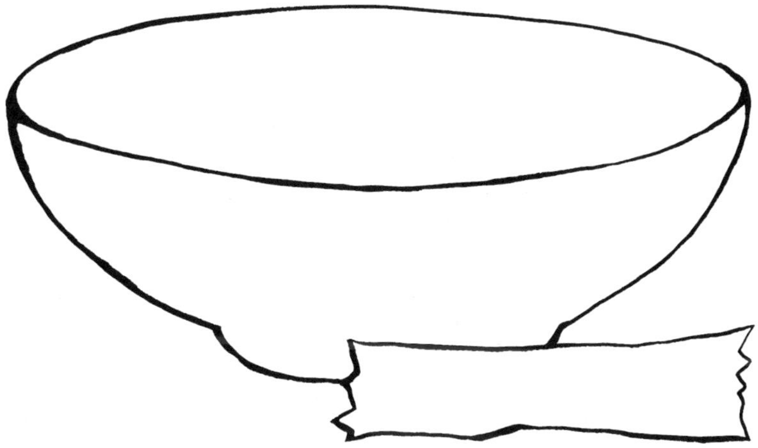

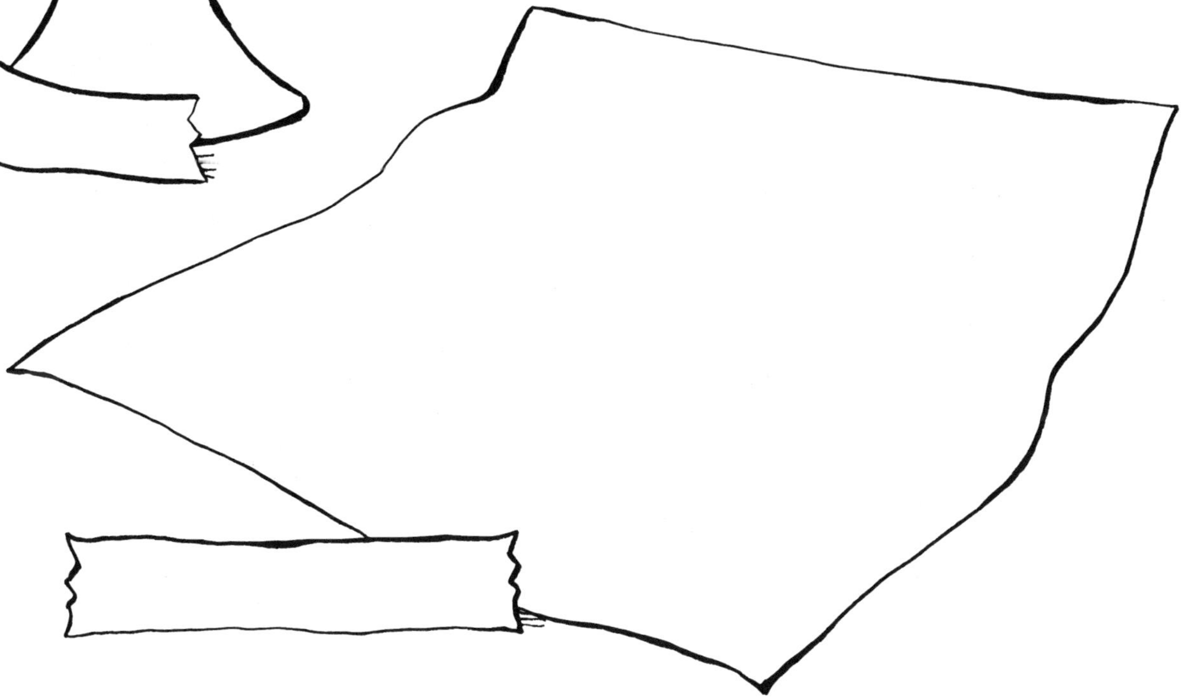

„ESST UND TRINKT" – SYMBOLTRÄCHTIGE SPEISEN UND GETRÄNKE IN DEN WELTRELIGIONEN

➡ Lies den folgenden Text. Welche symbolische Bedeutung von Essen und Trinken gehört zu welcher Religion? Wähle für jede Religion eine Farbe und markiere die passenden Aussagen damit.

➡ Lege auf einem extra Blatt folgende Tabelle an:

Religion	Speisen/Getränke	symbolische Bedeutung

➡ Lies den Text gründlich durch und ordne die Informationen in deine Tabelle ein.
Überprüfe die Zuordnung zur jeweiligen Religion (z. B. mit Hilfe eines Lexikons bzw. des Internets).

Menschen verschiedener Religionen erzählen:

① *Bei unserem Festmahl erinnert ein gerösteter Knochen an das Lamm, das unsere Vorfahren vor der Flucht gegessen haben. Mit dem Blut des Lammes wurde unsere Haustür gekennzeichnet, damit der Engel Gottes vorbeigehen und nur die Erstgeborenen unserer Unterdrücker töten würde, womit Gott sie endlich zwang, uns gehen zu lassen.*

② *Der Wein ist eine gefährliche Erinnerung für uns, denn er steht für Blut. Er weist uns bei unseren Zusammenkünften darauf hin, dass unser Religionsbegründer für die Wahrheit und uns gekämpft und gelitten hat und dass wir dazu auch verpflichtet sind.*

③ *Die Pinda, eine Reiskugel mit Sesamkernen, ist das wichtigste Speiseopfer in unserer Religion. Der älteste Sohn muss sie opfern, damit die Seele des Vaters wiedergeboren werden kann.*

④ *Einmal gibt es in unserem Glaubensleben ein Tieropfer. Wenn wir unsere große Pilgerreise unternehmen, schlachten wir in der Stadt Mina, 8 km vor unserem endgültigen Ziel, ein Schaf. 70.000 Tiere werden jedes Jahr geschlachtet. Dieses Opferfleisch wird an Hungernde in der ganzen Welt verschickt als Ausdruck des Gehorsams und der Mildtätigkeit.*

⑤ *Mazza (ungesäuertes Brot) erinnert uns an den plötzlichen Aufbruch, weil keine Zeit mehr war, richtiges Brot mit Hefe zu backen.*

⑥ *Auch bei uns wird Wein eingeschenkt. Er ist ein Ausdruck der Freude, denn wir schenken ihn aus für Elia, einen Propheten, der die Ankunft des Messias ankündigt. Gleichzeitig öffnen wird die Tür und gewähren der Außenwelt Einblick in unser Mahl und unsere Gebete und machen uns damit angreifbar.*

⑦ *Das Brot steht bei unserer Feier im Mittelpunkt. Brot bedeutet Leben, denn es wird geteilt, so dass es Ge-* *meinschaft darstellt. Diese Verbindung geht durch die Jahrhunderte auf unseren Religionsbegründer zurück.*

⑧ *Besonders gefeiert wird, wenn ein Junge zum ersten Mal Reis (feste Nahrung) zu sich nimmt. Dies stellt für uns einen bedeutenden Übergang zum Erwachsenwerden dar.*

⑨ *Wir essen nur Fleisch, was vor dem Schlachten ausgeblutet ist.*

⑩ *Eine Mischung aus Nüssen, Traubensaft und Trauben stellt den Lehm der Gebäude dar, die wir bauen mussten. Diese Mischung (Charoset) schmeckt aber sehr lecker.*

⑪ *Freitags essen wir kein Fleisch, was uns daran erinnert, dass dies der Tag ist, an dem unser Religionsbegründer gequält und getötet wurde.*

⑫ *Die bitteren Kräuter (Maror) führen uns das Gefühl der Sklaverei wieder lebhaft vor Augen.*

⑬ *Wir essen nur Nahrung, die den Körper beruhigt und reinigt, d. h. keine Speisen, die den Körper betäuben (Fleisch, Alkohol, Zwiebeln und Knoblauch). Auch alle scharfen, bitteren oder anregenden Gerichte zerstören das körperliche Gleichgewicht, d. h. Kaffee, Tee, Fisch, Schokolade, Salz und Eier.*

⑭ *Auch bei uns wird kein Alkohol getrunken, weil uns dies an der pflichtbewussten Ausübung unserer Religion insbesondere der Gebete hindern würde. Auch Schweinefleisch wird uns durch unsere Schrift eindeutig verboten.*

⑮ *Unsere Frauen bringen täglich Früchte oder Blumenopfer dar, nicht nur für die Götter, sondern auch für Schlangen und Geister unserer direkten Umgebung, um sie günstig zu stimmen.*

KARTENSPIEL DER RELIGIONEN (1)

Ziel des Spiels ist es, die verschiedenen Merkmale der einzelnen Religionen zuzuordnen.

Spielregeln:
Die Spielkarten bestehen aus Serien mit je vier Karten. Jede Serie gehört zu einer Religionsgemeinschaft. Die Karten werden gemischt. Jeder Mitspieler bekommt vier Karten. Die übrigen Karten werden verdeckt als Stapel in die Mitte des Tisches gelegt. Der oder die Jüngste beginnt und legt eine „Stifter"-Karte auf den Tisch. Ist keine vorhanden, beginnt der Nächste oder die Nächste. Solange der Vorrat auf dem Stapel reicht, ergänzt man nach jedem Legen seine Karten wieder auf vier. Danach werden die in der Hand gehaltenen Karten aufgebraucht. Als einzelne Karten dürfen nur „Stifter"-Karten ausgelegt werden. An diese angelegt werden dürfen alle Karten, die zu der jeweiligen Religion gehören, und zwar in der Reihenfolge: „Symbol" – „Zitat" – „Gebäude und Orte".
Wer die letzte Karte einer Religion anlegt, erhält das Quartett. Die Mitspieler überprüfen gemeinsam, ob das Quartett korrekt zusammengelegt wurde. (Bei der Kontrolle helfen die kleinen Buchstaben unten auf den Spielkarten.)
Wer am Ende, d. h. wenn alle Karten aufgebraucht sind, die meisten Quartette hat, gewinnt.

Aufgabe:
Das Spiel enthält bisher nur die fünf Hauptreligionen; auf den freien Karten S. 51 könnt ihr selbst weitere Religionsgemeinschaften ergänzen. Informationen dazu findet ihr z. B. in Lexika oder im Internet. Vielleicht kennt ihr auch schon weitere Glaubensgemeinschaften aus dem Unterricht. Je mehr Quartette das Spiel hat, desto spannender wird es.

Religionen, Menschen, Gemeinschaften

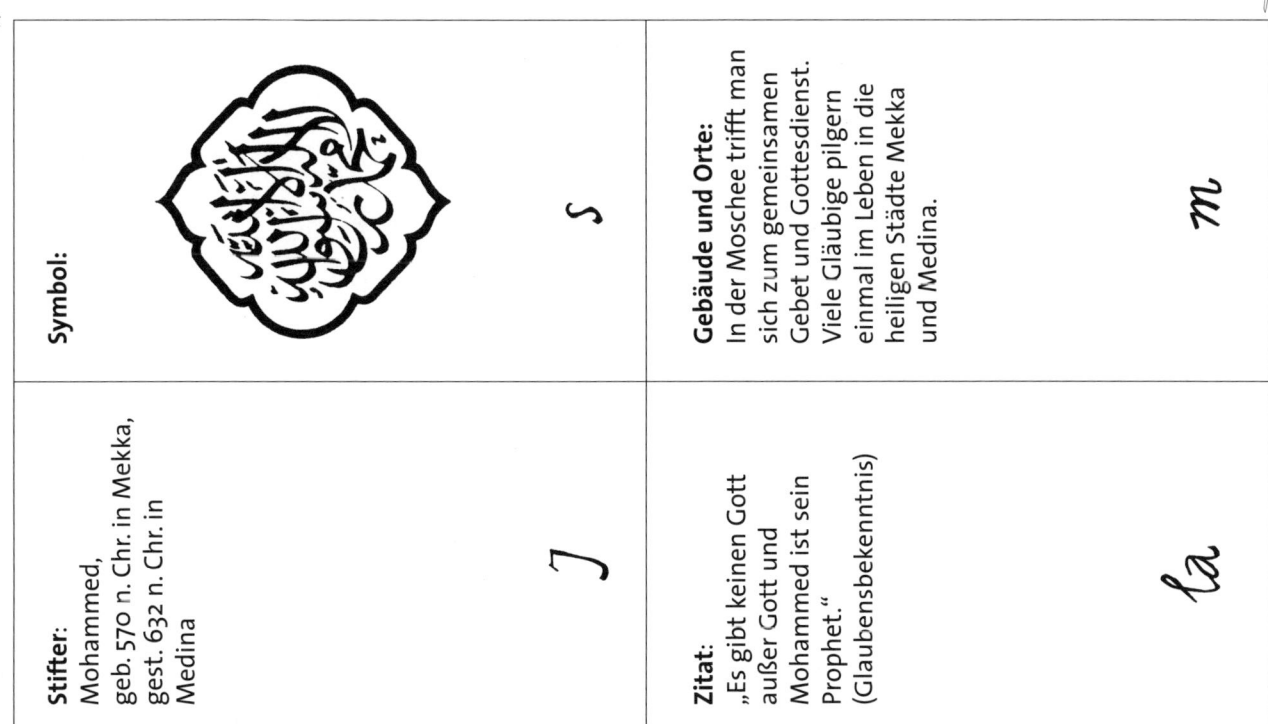

Symbol:

s

Gebäude und Orte:
In der Moschee trifft man sich zum gemeinsamen Gebet und Gottesdienst. Viele Gläubige pilgern einmal im Leben in die heiligen Städte Mekka und Medina.

m

Stifter:
Mohammed, geb. 570 n. Chr. in Mekka, gest. 632 n. Chr. in Medina

i

Zitat:
„Es gibt keinen Gott außer Gott und Mohammed ist sein Prophet." (Glaubensbekenntnis)

la

Stifter:
Diese Religion hat sich entwickelt; es gibt keinen Stifter.

Hi

Symbol:

nd

Zitat:
„Der Eine zeigt sich in vielen Formen damit ihn jeder auf seine Weise verehren kann."

ui

Gebäude und Orte:
Gebäude der Verehrung sind die Tempel. Es gibt viele heilige Stätten, z. B. Berge und Flüsse.

smus

Stifter:
Buddha, ursprünglicher Name: Siddharta Gautama

Bu

Symbol:

dd

Zitat:
„Das Leben ist Leiden, bis wir erkennen, dass wir es durch Mitleid überwinden und in innere Gelassenheit verwandeln können."

his

Gebäude und Orte:
Die Stupa umrunden, im Tempel die Buddhastatue verehren oder im Kloster über die Lehren Buddhas meditieren: Heilige Stätten gehören zum allgemeinen Leben.

mus

Stifter:
Einen Stifter gibt es nicht. Zur Zeit Moses erfahren die Israeliten einen Anruf Jahwes (Gottes).

J

Symbol:

ud

Religionen, Menschen, Gemeinschaften

RELIGION

Religionen, Menschen, Gemeinschaften

Zitat:
„Ich bin der Herr, dein Gott, der ich dich aus dem Lande Ägypten, aus dem Sklavenhause, herausgeführt habe; du sollst keine anderen Götter neben mir haben."

ent

Gebäude und Orte:
Zum Gottesdienst, zum Gebet und zum Studium der Tora treffen sich die Gläubigen in der Synagoge.
Jerusalem ist die heilige Stadt.

um

Stifter:
Jesus von Nazareth, später genannt Jesus Christus

Ch

Symbol:

rist

Zitat:
„Liebet eure Feinde; tut Gutes denen, die euch hassen; ... bittet für die, welche euch beleidigen!"

en

Gebäude und Orte:
Zum Gottesdienst treffen sich die Gläubigen in der Kirche.
Jerusalem ist eine bedeutende Stadt für die Religion.
Für viele Gläubige ist Rom die heilige Stadt.

Aum

Stifter:

Symbol:

Zitat:

Gebäude und Orte:

EIN BAUM – VIELE FRÜCHTE

Wenn wir uns die Früchte eines Apfelbaumes ansehen, können wir feststellen, dass zwar an jedem Ast Äpfel wachsen, dass aber keiner dem anderen genau gleicht.
Stellen wir uns jetzt die christliche Kirche als einen Baum mit Früchten (christliche Gläubige) vor, würden auch diese „Früchte" unterschiedlich sein. Auf diesem Arbeitsblatt findest du einen solchen Baum.

Wie jeder Baum hat auch unser Christenbaum eine Wurzel – Christus. Aus dieser Wurzel wächst ein Stamm – die christliche Kirche. Aus dem Stamm wachsen Äste: Konfessionen (= Bekenntnisse). Angefangen hat alles mit der Urgemeinde in Jerusalem. Schon ca. 300 n. Chr. wuchs der erste Ast – die armenische Kirche. Etwa 130 Jahre später entstand die Koptische Kirche, 1054 dann die orthodoxe Kirche. Ihre Gotteshäuser erkennt man an vielen Ikonen (= Heiligenbilder), denn Orthodoxe sind der Ansicht, dass Bilder und der gesamte Gottesdienst die Erlösung zeigen, nicht nur die Predigt und das Abendmahl. Die römisch-katholische Kirche wächst weiter als Hauptstamm unseres Baumes. 1517 spaltet sich der Stamm. Der katholische Teil wächst weiter nach oben; nur 1870 zweigt ein kleiner Ast ab: die Altkatholiken, denn sie halten den Papst nicht für unfehlbar. Der evangelische Teil des Stammes treibt weiter neue Äste. Erst die Lutheraner. Sie sehen sich nicht mehr als katholisch, aber auch nicht als ganz reformiert an, sondern stehen etwa in der Mitte der Bekenntnisse. Der nächste Ast sind die Reformierten. Sie haben viele Regeln und Bräuche der „alten" Kirche überdacht und neu festgelegt. Die anglikanische Kirche entwickelt sich hauptsächlich in England. Hier gibt es keinen Papst, aber diese Kirche ähnelt der katholischen Kirche ansonsten

sehr. Vom Ast der anglikanischen Kirche wächst 1633 der Ast der Baptisten: Sie taufen nur Menschen, die sich selbst für Gott entscheiden, die also alt genug sind. Von diesem Ast spalten sich 1870 die Pfingstler ab. Für sie steht die Taufe mit dem Heiligen Geist im Zentrum des Glaubens. Ebenfalls aus dem anglikanischen Ast wächst 1744 der Ast der Methodisten, die sich als Freie Kirchen mit einer sehr planvollen Lebensart betrachten.

➡ Versuche mit Hilfe des Textes den Baum zu beschriften. Trage in die freien Felder die Bezeichnungen der Kirchen in der Reihenfolge ihrer Entstehung bzw. Abspaltung ein. Die Wurzel des Baumes stellt den historischen Ursprung der christlichen Religionen dar.

➡ Auch in den nicht-christlichen Religionen gibt es verschiedene Äste und Zweige. Erkundigt euch über eine andere Religion, zeichnet ihren „Baum" und schreibt einen entsprechenden Text dazu.

GEMEINSCHAFT DER CHRISTEN

Ich glaube, dass ich nie allein bin.
Der Vater ist bei mir. Aber noch mehr.
Ich bin auch unter den Menschen nie allein.
Um mich her ist die große Gemeinschaft der Kirche.
Sie besteht aus Menschen, die der Heilige Geist liebt,
und heißt deshalb heilig.
Sie ist nicht nur in meiner Gemeinde oder
in meinem Land,
sie ist überall, in allen Ländern der Welt,
in allen Erdteilen und unter Menschen aller Rassen,
und ich gehöre zu ihr.
Ich kenne sie an der Taufe, am Zeichen des Wassers.
Ich kenne sie am heiligen Mahl,
an Brot und Wein, in denen Christus bei ihr ist.
Ich kenne sie daran, dass ich Menschen treffe,
die von Jesus reden
und die sein Wort und seinen Willen weitersagen.
Ich glaube, dass wir ganz dicht zusammengehören,
wir Christen, obwohl uns vieles trennt.
Ich glaube, dass die, die dem Heiligen Geist zugehören
und darum „Heilige" heißen,
rund um unsere Welt her eins sind,
weil Christus sie zusammenhält.

(Jörg Zink)

➡ Warum fühlt sich der, der das Glaubensbekenntnis spricht, nicht allein? _____

_____

_____

Was ist ihm wichtig? _____

_____

Was wird von der Kirche gesagt? _____

_____

Woran erkennst du die Menschen, die zur Kirche gehören? _____

_____

Warum heißen die Menschen, die zur Kirche gehören „Heilige"? _____

_____

Was wird über den Vater, über Christus, über den Heiligen Geist gesagt? _____

_____

_____

➡ Versuche selbst einmal, ein Glaubensbekenntnis zu formulieren.
Bringe dabei zum Ausdruck, was dir persönlich wichtig ist.

Religionen, Menschen, Gemeinschaften | **RELIGION**

Narren Gottes oder letzte ehrliche Christen?

von Rudolf Grimm

Auf den ersten Blick sind sie Amerikas rückständigste Menschen. Sie bedienen sich keiner modernen Technik. Ihre Kleidung stammt aus vergangenen Jahrhunderten. Zentraler Wert in ihrem Leben ist eine auf Gott bauende Gelassenheit. Für die einen sind die Amischen, deren Vorfahren vor annähernd 300 Jahren aus Deutschland in Amerika einwanderten, „Narren Gottes", für andere die letzten ehrlichen Christen. Die jetzt etwa 150.000 Menschen zählende Gemeinschaft geht auf eine durch Jakob Ammann 1694 im Elsass herbeigeführte Spaltung unter den so genannten Täufern zurück.

„Gottes letzte Inseln" ist der Titel eines neuen Buchs über die radikalen Gemeinschaften der Täufer in Kanada, den USA und Mexiko von einem Bundesdeutschen, der unter Amischen gelebt hat, dabei monatelang ohne Fernsehen, Radio, Telefon und Auto ausgekommen ist. Bernd G. Längin erlebte sie als gottergebene, strenge, klaglose, zielgerichtete, disziplinierte Menschen. Obwohl sie sich Gottes Willen überlassen, kommen diese Bauern und Handwerker mit dem praktischen Leben hervorragend zurecht.

Amische lehnen neben Kindergeld und Sozialhilfe auch jede andere Absicherung von außen ab. Sie gehören auch keiner Krankenkasse an. Wenn jemand erkrankt oder einen Unfall hat, kann er mit der Unterstützung der Nachbarschaft rechnen. Brennt ein Haus ab, kommt das amische Hilfswerk, ein Zusammenschluß verschiedener Distrikte der Gemeinschaft, für 80% der Kosten eines Neubaus auf. Für sie gilt das Bibelwort „Einer trage des anderen Last, so werdet ihr das Gesetz Christi erfüllen".

Die Täuferbewegung geht auf das 16. Jahrhundert zurück. Sie ist gekennzeichnet durch die Erwachsenentaufe sowie eine eigene Theologie und Ethik.

[…]

Amische haben nach Erkenntnissen der Harvard School of Medicine weniger Herzkrankheiten als Durchschnittsamerikaner. Bei der Familie des Yost T. Hostetler von Fredericksburg im US-Staat Ohio wurden die weltweit niedrigsten Cholesterinwerte entdeckt, obwohl die Hostetlers auf nichts verzichten, was ihre Hühner-, Rinder- und Schweineställe liefern. Besonders bei Feiern, etwa einer Hochzeit, essen die Amischen so, als hätten sie eine Hungerperiode hinter sich, schreibt Längin.

In anderer Hinsicht ist man auch bei solchen Gelegenheiten für das Karge. Man wünscht den Jungverheirateten kein gutes Zusammenleben, sondern setzt es voraus. Amische tragen keine Ringe, tauschen in der Öffentlichkeit keine Küsse und schenken keine Blumen. Feiern finden ohne Musikkonserven oder Instrumentalmusik statt. Dafür wird gesungen.

Die typische Amischfamilie zieht zwischen sechs und zehn Kinder auf. Die Elterngeneration hatte noch zwölf und mehr. Das Familienleben ist stabil. Lebenslängliche Partnerschaft ist absolute Norm. Eheleute können sich trennen, wenn ein Partner „ungläubig" wird, doch Scheidung ist ausgeschlossen. Im Übrigen ist dies eine Gesellschaft ohne Eigentumsdelikte und ohne Alkohol- und Drogenprobleme.

(Nach: Rhein-Zeitung, 03.06.1997)

➡ Lies dir den Text durch. Das Leben der Amischen unterscheidet sich wahrscheinlich sehr von deinem eigenen. Zeichne die Tabelle in ausreichender Größe in dein Heft und fülle sie mit Hilfe von Informationen aus dem Text.

	Leben der Amischen	Leben bei mir zu Hause
Glaube		
Familienleben		
Besitz		
Versicherung/Kindergeld usw.		
Feiern		
Gesundheit		
Nachbarschaft		
…		

➡ Was gefällt dir am Leben der Amischen, was würde dich stören?

➡ Versuche zu erklären, warum die Amischen so gesund sind und warum es wenige getrennte Ehen gibt.

➡ Wie würdest du die Frage der Überschrift der Reportage beantworten? Schreibe deine eigene Meinung auf und diskutiere sie dann mit deinen Mitschülern.

GEMEINDEREGELN EINER MENNONITISCHEN BRUDERGEMEINDE

1. Den Sonntag heiligen.
2. Hausandacht und das öffentliche Tischgebet pflegen.
3. Die Versammlungen nicht versäumen.
4. Sich gegenseitig ermahnen und ermahnen lassen.
5. Sich nach dem Wort Gottes mit Scham und Zucht schmücken.
6. Sich enthalten von Alkohol, Tabak und Rauschmitteln.
7. Nicht ein Ehebündnis mit Ungläubigen schließen.
8. Sich enthalten von allen Irrlehren.
9. Sich beteiligen am heiligen Opfer.
10. Innere Angelegenheiten der Gemeinde nicht verbreiten, denn die Gemeinde ist ein geschlossener Garten.

(Nach: Lena Klassen, Himmel Hölle Welt. Die Geschichte von Elsas Emanzipation. Roman. Lüge-Hörste 2001)

Dies sind Beispiele für Regeln einer mennonitischen Brudergemeinde. Diese Regeln sind nicht in allen Gemeinden genau gleich. Für Frauen und Männer gibt es zusätzliche, geschlechtsspezifische Regeln.

➡ Lies die Regeln genau durch und schreibe auf, wie sie sich nach deiner Meinung auf den Alltag auswirken.

(z. B.: „Den Sonntag heiligen!" könnte bedeuten, *dass ich am Sonntag in die Kirche gehe ..., dass ich am Sonntag keine Hausaufgaben mache, sondern mich ausruhe ...)*_____

_____

_____

_____

_____

Neben den Gemeinderegeln gibt es in vielen Gemeinden auch Vorschriften, die das Zusammenleben mit nicht Gläubigen betreffen, diese könnten so aussehen:

- keine Vereinsmitgliedschaft
- kein Tanzen, keine Disco
- kein Kino, kein Theater [...]
- kein Fernsehen [...]
- keine Rockmusik (auch solche von christlichen Interpreten wird abgelehnt)
- kein Glücksspiel, kein Lotto
- kein Kartenspiel

➡ Erstelle einen Wochenplan für deine letzte Woche, schreibe dort genau auf, was du an welchem Tag gemacht hast. Vergiss dabei nicht deine Freizeitaktivitäten.
Jetzt lies dir die Regeln durch und markiere alles farbig, was du nach diesen Regeln nicht tun dürftest. Finde Gründe für diese Regeln und schreibe sie auf. (z. B.: Mitgliedschaft in Vereinen nimmt Zeit in Anspruch, die man genauso gut in der Gemeinde verbringen könnte, was wichtig für das Zusammengehörigkeitsgefühl wäre)

TAUFE UND ABENDMAHL BEI DEN MENNONITEN

Taufe in der evangelischen oder katholischen Kirche	Taufe in einer mennonitischen Brüdergemeinde
	Ab 15 oder 16 Jahren kann man sich taufen lassen. Vor der Taufe muss man seine Bekehrung vor der Gemeinde glaubhaft machen und sich einer intensiven Befragung stellen. Beim Taufen wird man ganz untergetaucht, so soll das Sterben und Auferstehen Jesu deutlich gemacht werden. Die Taufe ist ein Teil der Bekehrung; danach beginnt der Lebensweg als gläubiger Mensch. Erst nach der Taufe darf man am Abendmahl teilnehmen. Nur Männer dürfen taufen.
Abendmahl oder Eucharistie	**Das Abendmahl**
	Es erinnert an den Lebens- und Leidensweg Jesu. Im Abendmahl wird die Gemeinde eine Einheit von Gläubigen. Es verkündigt die Erlösung durch Jesus Christus. Es zeigt die Hoffnung auf die Gemeinschaft im Himmel. Es dürfen nur Glaubende teilnehmen. Es ist nur für getaufte Gemeindemitglieder erlaubt. Es darf nur von Männern verteilt werden. Weißbrot wird vor der Gemeinde gebrochen und dann auf Tellern herumgereicht; jeder nimmt sich etwas und gibt es dann weiter. Der Weinkelch wir ebenfalls durch die Reihen gegeben.

➡ Falte dein Arbeitsblatt in der Mitte der Tabelle so, dass du die rechte Seite nicht mehr sehen kannst. Schreibe in die linke Tabellenspalte alles, was du über die Taufe weißt, z. B.: *Wann wird man getauft? Welche Bedeutung hat die Taufe? Wie wird man getauft?* Verfahre beim Thema Abendmahl genauso wie bei der Taufe.

➡ Jetzt klappe die rechte Seite wieder zurück und verbinde alle Gemeinsamkeiten mit farbigen Strichen. Was fällt dir auf? Schreibe es in Stichpunkten auf:

_____

_____

_____

➡ Vergleiche dein Wissen mit deinem Tischnachbarn. Ergänzt gegenseitig eure Aufzeichnungen.

ZEUGEN JEHOVAS

Jede Religion hat bestimmte Glaubensgrundlagen, an die sich die Gläubigen halten.

➡ Welche Glaubensgrundlagen deiner Religion sind dir bekannt? Notiere sie:

_____

_____

_____

➡ Was weißt du bisher über die Zeugen Jehovas?

_____

_____

_____

➡ Im folgenden Text stellt Ina ihren Glauben vor. Lies den Text und unterstreiche dabei alle wichtigen Informationen. Notiere sie und bereite ein kleines Referat über diese Glaubensgemeinschaft so vor, dass du es der Klasse vortragen kannst, ohne dabei deine Notizen zu benutzen.

Mein Name ist Ina und ich wohne in einer deutschen Kleinstadt. Ich gehe in die 9. Klasse einer Realschule. Von meinen Mitschülerinnen unterscheide ich mich eigentlich kaum. Bis auf eine Sache, ich glaube an Gott, dessen Name Jehova ist und an seinen Sohn Jesus Christus. An Gott und Jesus Christus glauben viele andere auch, aber trotzdem unterscheidet sich unser Glaube etwas. Wir versammeln uns dreimal in der Woche um gemeinsam aus der Bibel zu lesen und über ein bestimmtes biblisches Thema zu sprechen. Wir alle geben uns Mühe, nach dem, was wir aus der Bibel gelernt haben, zu leben. Jesus hat auch gesagt, wir sollen alles, was er lehrte, weitersagen. Deshalb beteiligen sich alle in unserer Versammlung am Missionsdienst: Wir gehen von Haus zu Haus und erzählen den Menschen von Jehova und Jesus Christus. Dabei verteilen wir Bücher und Zeitschriften, von denen die bekannteste „Der Wachturm" heißt. Diesen Auftrag Jesu findet man in der Bibel (Mt. 28, 19 und 20 und Mt. 24,14). Ebenfalls in der Bibel (Apg.

15,14) steht, dass Jehova „ein Volk für seinen Namen gewinnen" und unter den anderen bevorzugen wird. Wir werden immer zahlreicher.

Wir glauben außerdem, dass Gottes Königreich noch zu unseren Lebzeiten hier auf der Erde sein wird. Dann werden friedliebende Menschen mit Gottes Hilfe die Erde zum Paradies machen, alles Böse wird von der Erde beseitigt sein.

Viele Dinge, die uns vom Glauben ablenken und unseren Körper verunreinigen, lehnen wir ab, z. B. Tabak, Drogen, Unreinheit, Alkohol, Schwelgereien, Spiritismus, Extremsportarten, Geldgier.

Wenn wir krank werden, nehmen wir gern alle medizinischen Behandlungsmethoden wahr, bis auf eine Ausnahme, wir lehnen Bluttransfusionen aus religiösen Gründen ab. In der Bibel steht (1 Mo 9,4; 5 Mo 12,23–26; Apg 15,28 f.), dass man Blut nicht zu sich nehmen darf, da es Gott heilig ist. Für uns bedeutet das, man darf Blut auch nicht für andere, also z. B. medizinische Zwecke verwenden.

Notizen: _____

_____

_____

_____

EINE CHRISTLICHE NONNE

➜ Lies den folgenden Text aufmerksam durch.

Mein Leben als Ordensfrau bei den Dominikanerinnen Unserer Dienenden Frau

Seit über 30 Jahren bin ich hier im Dominikanerinnenkloster. Es ist ein apostolisches Leben nach dem Geist des heiligen Dominikus.

Ich komme aus einer kinderreichen Familie, in der das Leben in und mit der Pfarrgemeinde selbstverständlich war. So ist es nicht verwunderlich, dass mein Berufswunsch zu einem mit der Kirche verbundenen Leben führte, einem Leben im Kloster. Aber es sollte ein Kloster „mitten in der Welt" sein, dem Leben in der Mitte des 20. Jahrhunderts angepasst. Mein Weg führte in diese Gemeinschaft zu den berufstätigen Dominikanerinnen.

Das Klosterleben begann nach meinem Studium und Examen mit dem Postulat (1/2 Jahr), der ersten Einübungsphase in das regelmäßig abwechselnde Leben mit Gebet und Arbeit. Mit dem Tag der Einkleidung begann die eigentliche Prüfungszeit, das Noviziat (ein Jahr), an dessen Ende ich zum ersten Mal die Gelübde Armut, Gehorsam und Keuschheit ablegen durfte, die zeitliche Profess. Nach dem Noviziat ging ich wieder in den Beruf. In unseren Konstitutionen heißt es: „Die Schwestern versuchen, von den Zeichen der Zeit her den Menschen zu verstehen. Sie wollen das Reich Christi in der Welt festigen und fördern in der Nach-

folge Unserer Dienenden Frau. Sie wollen durch ihr Leben und Wirken durch einen weltlichen Beruf Christus in der Arbeitswelt anwesend machen. Dem Auftrag in der Welt entspricht die weltliche Kleidung." *Nach insgesamt fünf Professjahren folgten die ewigen Gelübde: Der Tag, an dem ich mich öffentlich für mein ganzes Leben mit diesen Gelübden an Gott und die Gemeinschaft gebunden habe.*

In diesen 30 Jahren habe ich persönlich Höhen und Tiefen erlebt und durch den Glauben bewältigen gelernt. Wir Schwestern helfen einander auf dem gemeinsamen Weg. Es ist ein erfülltes und an Erfahrungen sehr reiches Leben. Erfahrungen aus den verschiedenen Berufen der Mitschwestern, Erfahrungen mit den vielen Gästen, die zur Besinnung in unser Kloster kommen, Erfahrungen durch meine Vortragstätigkeit zur inneren Besinnung, Erfahrungen durch die praktischen Tätigkeiten im Haus und Garten, Erfahrungen durch die Verwirklichung folgender Bibelstelle: „Dienet einander als gute Verwalter der vielfältigen Gnade Gottes jeder mit der Gabe, die er empfangen hat" (1 Petr 4,10).

(Schwester Hedel-Maria Windeck)

➜ Welche Besonderheiten prägen das Leben der Nonne? Welche Regeln hat sie ihrem Leben zugrunde gelegt? Schreibe einige Elemente heraus, die dir wichtig erscheinen.

_____

_____

_____

_____

_____

➜ Gibt es Elemente im Leben der Nonne, die auch in deinem Leben eine Rolle spielen?

_____

_____

_____

TAGESABLAUF EINER CHRISTLICHEN NONNE

➡ Hier siehst du, wie der Tagesablauf einer Nonne in einem Dominikanerkloster aussehen kann. Schreibe daneben deinen eigenen Tagesablauf. Vergleiche.

RELIGION

Religionen, Menschen, Gemeinschaften

wochentags	
05.15 Uhr Aufstehen	
05.45 Uhr Laudes, Pretiosa, Terz, Rosenkranz	
06.40 Uhr Frühstück	
Arbeitsbeginn (Es gibt berufstätige Nonnen!)	
18.00 Uhr Eucharistiefeier, Vesper, Abendessen	
Singen der Komplet	
Recreation	

sonntags	
07.00 Uhr Aufstehen	
07.30 Uhr Laudes	
Frühstück	
09.15 Uhr Heilige Messe	
12.00 Uhr Mittagessen	
15.30 Uhr Vesper Recreation mit Kaffeetrinken	
18.30 Uhr Abendessen	
19.30 Uhr Komplet	
20.00 Uhr Silentium	

➡ Im Tagesablauf der Nonne findest du viele Fremdwörter. Finde heraus, was sie bedeuten.

RIWKA IN MEA SHEARIM

In der ganzen Welt leben an die 15 Millionen Juden – weniger als ein Drittel davon in Israel, nämlich ca. 4,6 Millionen. In den USA gibt es fast sechs Millionen Juden, in Deutschland wahrscheinlich etwa 90 000. Nur ein kleiner Teil der Juden lebt orthodox, das heißt streng nach den religiösen Geboten. Man schätzt, dass etwa 10% der Juden in Israel orthodox sind. In Jerusalem gibt es ein Stadtviertel, in dem überwiegend streng orthodoxe Juden wohnen. Dieses Viertel heißt *Mea Shearim* (hebräisch für „Hundert Tore").
Riwka erzählt im folgenden Text aus ihrem Leben in *Mea Shearim*:

Aus dem Leben von Riwka in Mea Shearim

Wir leben auf engstem Raum in unserem Viertel Mea Shearim. Meine Wohnung mag groß erscheinen, aber ich habe 15 Kinder. 17 Personen leben in diesen vier Zimmern. Wir zwängen uns in dieses kleine Viertel, um die Verdorbenheit der nicht Religiösen um uns nicht sehen zu müssen. Unsere Kinder sollen in einer anständigen Umgebung groß werden. [...]
Wir Orthodoxen sprechen nur jiddisch zu Hause. Hebräisch ist für uns „Laschon Ha'Kodesch", die heilige Sprache, die wir nur zum Beten und für das religiöse Studium benutzen. [...]
Ich unterrichte in einer orthodoxen, jiddischsprachigen Mädchenschule. Jungen und Mädchen gehen auf getrennte Schulen. Wir glauben, dass Männer und Frauen verschieden geschaffen wurden, weil ihre Aufgaben verschieden sind. Deswegen müssen sie auch unterschiedlich erzogen werden. Die Jungen lernen den Talmud: Sie werden zu Gelehrten erzogen. Weltliches wird ihnen nur sehr begrenzt beigebracht. Die Mädchen hingegen lernen die Thora und einige Kommentare dazu, aber nicht den Talmud – das ist Sache der Männer. Den Mädchen werden die Gebete, die Gesetze des Schabbat, der Feiertage, die Regeln *der anständigen Kleidung und später auch die Gesetze der Familienreinheit beigebracht. Aber wir unterrichten sie auch in weltlichen Fächern: In Biologie lernen sie, wie der Körper funktioniert, was wir die Jungen nicht lehren. Die Mädchen lernen Mathematik, Physik und Geografie. All das braucht ein Junge nicht. Außerdem soll ein Mädchen etwas lernen, womit sie später Geld verdienen kann: Handarbeiten, Kunst, Nähen und Haushaltsführung. Denn in unserer Gemeinschaft widmen sich viele Männer dem Talmudstudium, während die Frauen für den Unterhalt arbeiten. [...]*
Ich habe mir nie etwas anderes gewünscht als ein religiöses Leben. Ein religiöser Mensch findet immer Erfüllung. Ich führe eine sehr glückliche Ehe, habe gesunde Kinder und eine Arbeit, die mir Freude macht. Ich sehe keinen Grund, warum ich mich nach irgendetwas anderem sehnen sollte. Ich würde mir wünschen, dass viele Menschen zu der Erkenntnis kommen würden, dass dies die richtige Lebensweise ist. Wir könnten alle in Harmonie zusammenleben. Wenn alle religiös würden, gäbe es keine Kämpfe und keine Kriege mehr.

(Aus: Silke Mertins, Zwischentöne. Jüdische Frauenstimmen aus Irsael. Berlin [Orlanda], 1992, S. 57–62)

➡ Schreibe drei Merkmale aus Riwkas Leben heraus, die dich besonders beeindrucken:

1. _____

2. _____

3. _____

➡ Was könnte dafür sprechen, so wie Riwka zu leben? Nenne einige Gründe:

_____

_____

➡ Könntest du so leben wie Riwka? Begründe deine Antwort.

_____

_____

YIFAT IM KIBBUZ

Jüdisch zu sein muss nicht immer bedeuten, besonders religiös zu sein. So wie viele Christen nur an Weihnachten zur Kirche gehen, besteht das religiöse Leben auch für viele Juden vor allem darin, die religiösen Feste zu feiern. Man geht davon aus, dass etwa 90 % der in Israel lebenden Juden sich nicht streng an die religiösen Gebote halten – manche mehr, manche weniger.

Vielleicht hast du schon einmal gehört, dass einige Menschen in Israel in so genannten *Kibbuzim* (Plural von *Kibbuz*) leben. *Kibbuz* ist die hebräische Bezeichnung für eine kollektive Siedlung. Der Kibbuz ist ein einzigartiges ländliches Gemeinwesen, eine Gesellschaft, die auf den Prinzipien gegenseitiger Hilfe und sozialer Gerechtigkeit beruht. Er ist ein sozialwirtschaftliches System, in dem Menschen Arbeit und Besitz teilen – „jeder gibt nach seinen Möglichkeiten und erhält gemäß seinen Bedürfnissen". Die ersten Kibbuzim wurden bereits 40 Jahre vor der Gründung des Staates Israel von jungen, meist aus Osteuropa stammenden Zionisten errichtet. Heute gibt es 269 Kibbuzim, in denen jeweils zwischen vierzig und tausend Personen leben.

Die meisten *Kibbuznikim* (Bewohner eines *Kibbuz'*) sind nicht streng religiös. Yifat ist etwa in deinem Alter und wohnt in einem kleinen Kibbuz in der Nähe von Haifa im Norden Israels. Hier ist ein kleiner Ausschnitt aus ihrem Tagebuch:

Montag, 1.7.

Der zweite Tag der Sommerferien! Endlich muss ich nicht mehr um 6.00 Uhr aufstehen und zum Bus rennen, der mich dann fast eine Stunde durch die Gegend kutschiert, bis ich endlich in der Schule bin. Heute Nachmittag habe ich ein paar Stunden im Kinderhaus bei den Zweijährigen gearbeitet. Das Einzige, was ich an den Ferien schade finde, ist, dass ich Nir jetzt nicht mehr jeden Tag in der Schule sehe. Ich trau mich aber auch nicht, ihn anzurufen, um ihn zu fragen, ob er mich in den Ferien nicht mal besuchen will.

Dienstag, 2.7.

Heute haben Revital und Ori geheiratet. Da kam ein richtiger Rabbi in den Kibbuz, so mit langem Bart und Hut. Das ist schon etwas Besonderes, bisher habe ich in meinem Leben noch nicht so oft einen leibhaftigen Rabbiner gesehen. Natürlich gibts öfter Bilder von orthodoxen Juden im Fernsehen, und letztes Jahr, als wir mit der Schule in Jerusalem waren, da gab's natürlich ganz viele von denen an der Westmauer des Tempels. Mein kleiner Bruder nennt sie Pinguine, wegen ihrer langen schwarzen Mäntel. Die Hochzeit war echt klasse. Es gab viel zu essen und später wurde getanzt. Von dem, was bei der Zeremonie gesprochen wurde, hab ich nicht so viel verstanden. Der Rabbi hat es

ganz schnell runtergebetet, und ein Teil war auch noch auf Aramäisch.

Freitag, 5.7. 23.00 Uhr

Wow, ich komme gerade aus Haifa. Da hab ich mich mit ein paar Schulfreunden getroffen, und wir waren im Kino. Das Beste: Nir war auch da! Noch besser: Er und die anderen Jungs aus den Nachbarkibbuzim kommen gleich zu uns in unsere kleine Kibbuzdisko. Deswegen muss ich mich jetzt noch schnell umziehen. Ich glaub, ich zieh den schwarzen Minirock an. Ich bin schon völlig nervös.

Samstag, 6.7.

Heute hatte ich Dienst im Speisesaal. Ich war noch total müde von letzter Nacht. Es gab Würstchen, wie immer zwei Sorten: koschere und unkoschere mit Schweinefleisch. Der Run auf die unkoscheren war mal wieder besonders groß, dauernd musste ich in die Küche rennen und neue heiß machen. Ich mag ehrlich gesagt die koscheren Würstchen genauso gern. Aber irgendwie hält sich das Gerücht, unkoscheres Essen schmecke einfach besser. Mein großer Bruder ist davon überzeugt. Manchmal habe ich das Gefühl, er isst extra viel unkoscheres Essen, um zu betonen, dass er wirklich auf gar keinen Fall religiös ist.

➡ Vergleiche Yifats Leben mit deinem eigenen Leben. Was ist anders, was ist gleich?

Yifats Leben	mein Leben

EINE FESTE GEMEINSCHAFT
(MUSLIMISCHE MÄDCHEN UND FRAUEN BEI UNS)

Semra kommt aufgeregt aus der Schule, Ertan und Hatice sind schon zu Hause; sie warten darauf, dass Semra das Essen fertig macht, denn die Mutter geht bis 15 Uhr arbeiten. „Stellt euch vor", platzt Semra heraus, „wir fahren eine Woche ins Landschulheim. Da schlafen alle Mädchen in einem großen Raum zusammen, und Unterricht haben wir nur ganz wenig und ..." „Halt! Nun mal langsam!", dämpft sie Ertan, „du glaubst doch nicht, dass Vater dir das erlaubt?" Semra schaut ihn entsetzt an, daran hat sie gar nicht gedacht. „Aber", stottert sie, „alle fahren mit, vielleicht können wir ihn überreden?" Semras Stimmung ist gedämpft, und als die Mutter nach Hause kommt und die Neuigkeit erfährt, kann sie die Stimmung der Tochter nicht verbessern, denn ohne den Vater wird nichts entschieden.

Endlich, um 19 Uhr kommt der Vater nach Hause. Semra kann nicht warten, bis er seine Arbeitskleidung abgelegt hat, sie platzt gleich mit ihrer Frage heraus: „Darf ich mit ins Landschulheim? Wir fahren im April eine Woche. Unsere Klassenlehrerin hat gesagt, dass wir dabei auch Selbstständigkeit und Hilfsbereitschaft lernen." Der Vater runzelt die Stirn, er geht nachdenklich ins Wohnzimmer.

Als alle beim Abendessen sitzen, sagt er sehr bestimmt: „Semra, schlag dir das aus dem Kopf. Das kommt überhaupt nicht in Frage." „Aber warum denn nicht, Vater?" Semra fängt an zu weinen. Der Vater denkt nach. „Sieh mal, Semra. Du bist nun schon ein großes Mädchen und wirst das verstehen. Was sollen

wir denn ohne dich machen? Mutter und ich arbeiten den ganzen Tag für euch. Wer soll Hatice zum Kindergarten bringen, und wer soll das Essen mittags kochen? Du weißt, eine türkische Familie ist eine feste Gemeinschaft, in der jeder seinen festen Platz hat und seine Aufgaben erfüllen muss. [...] Einer braucht den anderen, einer muss sich auf den anderen verlassen können, und damit sind wir schon immer gut gefahren." [...]

Das versteht Semra. Aber da ist noch etwas anderes: „Und warum darf Ertan immer übers Wochenende mit seinem Fußballverein weg?" Die Mutter nickt verständnisvoll. „Weißt du" sagt sie, „es ist bei uns in der Türkei nun mal nicht so Sitte, dass Mädchen mit Jungen so weit von zu Hause wegfahren und zusammen wohnen. Und wir bleiben auch in Deutschland Türken. Aber ich verstehe, dass es dir schwer wird, du hast ja auch deutsche Freunde."

Semra schluckt. Sicher will sie Türkin bleiben, und sicher liebt sie auch ihre Familie, und sicher ist sie sogar stolz darauf, schon so viele Dinge selbstständig im Haushalt erledigen zu dürfen. Trotzdem bleibt sie traurig, obwohl sie weiß, dass ihr Vater sich in der nächsten Zeit sehr um sie kümmern wird. Aber wie soll sie das ihren deutschen Freunden erklären?

(Mechthild Hansen: Semra kommt aufgeregt aus der Schule. Aus: Das Leben suchen. Religion 5/6.
© Bildungshaus Schroedel Diesterweg Bildungsmedien GmbH & Co. KG, Frankfurt a. M. 1985)

➡ Für Mädchen:
Semra kann nicht einschlafen. Sie ist enttäuscht und traurig. Die ganze Nacht grübelt sie, wie sie ihren Freundinnen erklären kann, warum sie nicht mit ins Landschulheim fahren darf. Am nächsten Tag nach der Schule trifft sie sich mit ihrer besten Freundin Heike. Überlege dir, wie das Gespräch verlaufen könnte.

➡ Für Jungen:
Ertan ist an diesem Abend nachdenklich. Seine Schwester tut ihm Leid, aber er weiß auch, dass sein Vater als muslimisches Familienoberhaupt an strenge Regeln gebunden ist. Trotzdem möchte er sie trösten. Weil ihm das Reden nicht so leicht fällt, schreibt er ihr einen Brief.

JAINISMUS – GEWALTLOSIGKEIT GEGEN ALLE LEBEWESEN

➜ Hast du dich schon einmal mit indischen Religionen beschäftigt? Von welchen hast du schon gehört?

➜ Wo liegt Indien eigentlich? Was weißt du über dieses Land?

Folgender Text beschreibt eine bei uns eher unbekannte, in Indien aber sehr einflussreiche Religion, den **Jainismus**:

Der **Jainismus** ist eine Religion, die im 6. vorchristlichen Jh. in Indien entstand. Sie hat heute ungefähr 3 Millionen Anhänger, fast ausschließlich in Indien. Trotz dieser relativ kleinen Zahl übt die Lehre des Jainismus großen Einfluss auch auf andere indische Gruppierungen aus. Einer der bekanntesten vom Jainismus beeinflussten Menschen ist Mahatma Gandhi. Er war zwar selbst kein Jaina, lebte aber eine der Hauptlehren des Jainismus: *ahimsa* – Gewaltlosigkeit gegen alle Lebewesen. Die Jainas glauben, dass die Welt voll ist von Seelen, die in verschiedenen Seinsformen immer wiedergeboren werden. Die Seinsformen werden je nach Anzahl der „Sinne" in fünf Stufen aufgeteilt. Die unterste Stufe bilden die vier Elemente Erde, Wasser, Feuer und Luft und die Pflanzen, die nur einen Sinn haben: den Tastsinn. Es folgen auf der zweiten Stufe Würmer und Schalentiere, die fühlen und schmecken können, auf der dritten Ameisen, Käfer und Motten usw. Auf der fünften Ebene befinden sich alle Seinsformen, die mit fünf Sinnen ausgestattet sind: höhere Tiere, Menschen sowie himmlische und höllische Wesen.
Eine Erlösung aus dem ewigen Kreis der Wiedergeburten kann nur der Mensch erreichen. Die Seinsform, in der man wiedergeboren wird, wird bestimmt durch die Taten, die man im vorherigen Leben begangen hat. Gute Taten führen zu einer höheren Existenzform, schlechte zu einer niedrigeren. Die schlimmste Tat, die ein Jaina begehen kann, ist das Verletzen oder Töten eines anderen Lebewesens, egal ob es sich dabei um eine Ameise oder eine Kuh handelt.

➜ Kannst du nach dem Lesen des Textes einige Elemente des Jainismus nennen? Was findest du besonders interessant oder bemerkenswert?

➜ Im Text wird Mahatma Gandhi erwähnt. Finde – z. B. mit Hilfe eines Lexikons – heraus, wer Mahatma Gandhi war. Fasse die wichtigsten Informationen über ihn schriftlich zusammen. Vielleicht findest du sogar eine Antwort auf die Frage, inwiefern das Gebot der Gewaltlosigkeit sein Leben beeinflusst hat.

DAS LEBEN EINES JAINI

➡️ Einer der wichtigsten Grundsätze des Jainismus ist *ahimsa* – die Gewaltlosigkeit gegen alle Lebewesen. Welche Auswirkungen könnte dieser Grundsatz deiner Meinung nach auf das tägliche Leben eines Jaini (Anhänger des Jainismus) haben?

_____

_____

_____

_____

➡️ Das Foto zeigt einen jainistischen Mönch. Was fällt dir auf?

_____

_____

_____

_____

_____

_____

_____

➡️ Was könnte die besondere Ausrüstung des Mönches mit dem Gebot der Gewaltlosigkeit zu tun haben?

_____

_____

_____

Im folgenden Text findest du einige Hinweise zur Lebensweise eines Jaini:
Zur Ausstattung eines jainistischen Mönches gehört ein Mundschutz, der das Einatmen und zufällige Verschlucken von kleinen Lebewesen verhindern soll. Aus dem gleichen Grund filtert der Jaina sein Trinkwasser mit einem Tuch. Um keine Kleinstlebewesen zu zertreten, fegt der Jaina den Weg vor sich, bevor er ihn betritt.
Auf Grund des strengen Gebots der Gewaltlosigkeit sind Jainas strenge Vegetarier. Sie sind zudem in der Wahl ihrer Berufe stark eingeschränkt. Nicht in Frage kommen Berufe in der Landwirtschaft (beim Pflügen des Feldes werden z. B. zahlreiche Kleintiere, Pflanzen und die Erde selbst verletzt), aber auch Handwerksberufe (so fügt ein Schreiner dem Holz Leid zu, ein Schmied dem Metall). Übrig bleiben vor allem kaufmännische Berufe.

➡️ Schreibe einen Brief an einen jainistischen Mönch. Behandle in deinem Brief Fragen wie:
„Warum ich gern so leben würde wie du …" – „Warum ich nicht so lebe wie du …" – „Warum ich nicht so leben möchte wie du …"

HARE KRISHNA

Im kleinen Ort Abentheuer bei Trier befindet sich ein besonderes Kloster mit einem Tempel. Es ist der Tempel der *International Society für Krishna-Consciousness* (ISKCON). Vielleicht kennst du diese Glaubensgemeinschaft unter einem anderen Namen: *Hare Krishna.*

Information

Die neuhinduistische Bewegung, die in den Sechzigerjahren von Bhaktivedanta Svami Prabhupada gegründet wurde, ist geprägt von der hinduistischen *Bhakti*-Frömmigkeit. *Bhakti* ist ein Wort aus dem Sanskrit und bedeutet „Liebe, Hingabe". *Bhakti*-Frömmigkeit zeichnet sich durch eine liebende Hingabe an die Gottheit (oder an einen geistigen Lehrer – einen *Guru*) aus. Die ISKCON-Anhänger verehren Krishna (als Erscheinungsform des hinduistischen Gottes *Vishnu*); ihr Lebensinhalt ist der liebende, hingebungsvolle Dienst an der Gottheit. Vier ethische Regeln liegen dem Leben eines Krishna-Anhängers zu Grunde:

1. strenger Vegetarismus,
2. Verzicht auf Rauschmittel (einschließlich Kaffee und schwarzem Tee),
3. Verzicht auf „unerlaubte" (z. B. auch außereheliche) Sexualität,
4. Verzicht auf Spiel und Sport als „nutzlosem Treiben", da alles Handeln dem Dienst an *Krishna* dienen soll.

Bekannt wurde ISKCON durch das Musical „Hair", in dem das *Mantra* „Hare Krishna" gesungen wird. Ein *Mantra* ist ein sprachlicher Ausdruck, der inhaltlich bedeutungslos sein kann, dessen Klang jedoch meditative Bedeutung hat (hierzu gehört z. B. auch die Silbe „Om"). Das ständige Wiederholen des *Mantras* soll die Konzentration stärken und den Weg zur Erkenntnis erleichtern. Im Falle der ISKCON-Anhänger ist das so genannte „Chanten" (ständiges, singendes Wiederholen der *Mantras*) ein Weg der Verehrung *Krishnas*.

➡ Schreibe wichtige Punkte aus dem Leben eines Hare-Krishna-Anhängers heraus:

_____

_____

_____

_____

➡ Wie sieht es in deinem Leben aus? Gibt es Gemeinsamkeiten? Oder große Unterschiede?

_____

_____

_____

_____

➡ Gibt es Regeln der ISKCON, die sich aus deiner Sicht nur schwer oder überhaupt nicht mit deinem Leben vereinbaren ließen? Begründe deine Antwort.

_____

_____

_____

_____

DIE ERSCHAFFUNG DER WELT

Wie überall auf der Welt gibt es auch in Indien Erzählungen darüber, wie die Welt entstanden ist. Im Schöpfungsmythos aus dem „Gesetzbuch des Manu" (ca. 5. Jh. v. Chr.), einer wichtigen heiligen Schrift des Hinduismus, wird berichtet, dass zuerst ein formloser, absoluter Geist vorhanden war, bevor aus diesem der eigentliche Schöpfergott, genannt *Brahman*, hervorging:

Dieses (Universum) war ganz Finsternis, unkenntlich, ohne Unterscheidungsmerkmale, dem Denken unerreichbar, unerfasslich, ganz in tiefen Schlaf versunken. (...) Er, der nur dem übersinnlichen Geist Erfassbare, der Unvorstellbare, der Ewige, der alle Dinge in sich enthält und unbegreiflich ist, der trat von selbst in die Erscheinung. Er, der die verschiedensten Geschöpfe aus sich hervorzubringen wünschte, schuf mit seinem Denken zuerst die Wasser, in die er die Keimkräfte sandte. Daraus entstand ein goldenes Ei, an

Glanz der Sonne gleich.
In diesem ließ er sich selbst als Brahman gebären, der Schöpfer der ganzen Welt. (...)
Der Göttliche wohnte in diesem Ei ein Jahr lang; dann teilte er es durch seine Denkkraft in zwei Hälften. Und aus diesen beiden Hälften bildete er Himmel und Erde, zwischen ihnen den Luftraum, und die acht Weltgegenden und den ewigen Aufenthalt der Wasser (das Meer).

➔ Was existiert ganz am Anfang? _____

➔ Wie / Wodurch geschieht die Schöpfung?

  • beim formlosen, absoluten Geist: _____

  • bei Brahman: _____

➔ Was wird erschaffen?

  • vom formlosen, absoluten Geist: _____

  • von Brahman: _____

➔ Woraus wird die Welt erschaffen? _____

➔ Das Ei ist auch heute noch ein in vielen Kulturen gebräuchliches Symbol. Wofür könnte es deiner Meinung nach stehen?

_____

_____

_____

➔ Stell dir vor, du wärst die Schöpfergöttin oder der Schöpfergott und könntest etwas für dich oder die Welt erschaffen. Male oder schreibe es in dieses Ei.

➔ Überlege dir, inwieweit du die Dinge, die jetzt in deinem Ei sind, tatsächlich selbst „erschaffen" oder mitgestalten kannst. Schreibe deine Überlegungen auf die Rückseite des Blattes.

RELIGION

Hinduismus

66   © Cornelsen Verlag Scriptor, Berlin • Cornelsen Copy Center • Religionen der Welt: Zwischen Himmel und Erde • Religion 7–10

GOTT UND MENSCH

Die *Bhagavadgita* ist ein heiliges Buch der Hindus. Dieser Titel bedeutet „Lied der Gottheit". Die Geschichte erzählt vom Prinzen Arjuna (sprich Ardschuna) und seinem Streitwagenlenker, dem Gott Krishna (sprich Krischna). Als der Prinz zögert in die Schlacht gegen die feindlichen Angreifer zu ziehen, die den Frieden und die Sicherheit seines Königreichs bedrohen, belehrt der Gott Krishna ihn über seine Pflichten als Krieger, über die Bedeutung des Vertrauens in Gott und das Gute und über die Unsterblichkeit der Seele.

➜ Beschreibe das im Bild dargestellte Verhältnis von Gott und Mensch mit deinen eigenen Worten.

_____

_____

_____

➜ Der Kampf, vor dem Arjuna zurückschreckt, ist oft als innerer Kampf zwischen dem Guten und dem Schlechten im Innern des Menschen verstanden worden. Bestimmt kennst du das Gefühl, innerlich gegen sich selbst kämpfen zu müssen. In welcher Situation hast du es erlebt und welche Eigenschaften oder Wünsche standen sich dabei gegenüber?

_____

_____

➜ Wie hast du dich schließlich entschieden und warum?

_____

_____

➜ Überlege, wo du im Moment in einer schwierigen Situation bist, in der du nicht weißt, wie du dich richtig verhalten sollst (vielleicht in der Schule, in deiner Familie oder gegenüber Freunden).
Was würdest du in dieser Situation den Gott Krishna fragen wollen oder worum würdest du ihn bitten? Und was würde er dir vielleicht antworten?
Schreibe deine Gedanken oben zum Bild. (Du sitzt jetzt hinten im Streitwagen.)

DIVALI, DAS LICHTERFEST

Im Oktober/November wird in ganz Indien **Divali** (sprich Diwali), das Lichterfest, gefeiert. Divali ist eine Kurzform von Dipavali, was so viel wie „eine Reihe von Lampen" bedeutet. Das Fest dauert 4–5 Tage und ist besonders für Händler, Bankiers und Kaufleute das wichtigste Fest des Jahres, da es zu Ehren der **Lakshmi** (sprich Lakschmi) gefeiert wird, der hinduistischen Göttin des Glücks und des Wohlstandes. Aber natürlich feiern es auch alle anderen, denn wer will diese Göttin wohl nicht zu sich einladen?

Am Abend vor Beginn des dritten Tages, an dem das Fest seinen Höhepunkt erreicht, werden die Häuser und Straßen mit Öllampen erleuchtet, damit **Lakshmi**, die manchmal auch einfach nur Shri, „Glück", genannt wird, den Weg zu den Menschen auch wirklich findet. Am nächsten Morgen werden von den Frauen mit verschiedenen Farbpulvern besonders schöne **rangoli**, kunstvolle Muster, vor die Haustüren gestreut. Sie sollen die Göttin bewegen, in dieses Haus einzutreten. Vorsichtshalber werden aber auch alle anderen Türen und Fenster offen gehalten.

Drinnen und draußen wird außerdem alles liebevoll mit Blumengirlanden geschmückt, denn es heißt, dass Blumen, besonders Lotosblüten, die Plätze sind, wo sie sich am liebsten niederlässt.

Als Verkörperung von Glück und Reichtum ist **Lakshmi** aber überall zu finden: In Goldschmuck und Geld, in Gesundheit, Vieh oder Kindersegen, in reichhaltigen Speisen und guten Bilanzen des Geschäftsjahres. Deshalb wird dieser Tag mit ausgiebigem, festlichem Essen und vielen Dank- und Bittgebeten an die Göttin gefeiert.

Aber nicht nur für den materiellen Reichtum, sondern ebenso für den Reichtum der Herzen ist **Lakshmi** zuständig. Der Lotos, auf dem sie steht oder den sie in den Händen hält, ist auch ein Symbol für ein offenes Herz und für den spirituellen Fortschritt des Gläubigen auf seinem Weg zur Erleuchtung. Deshalb wird an Divali auch der Sieg des Lichtes über das Dunkle und der Tugenden über die Laster gefeiert, den jeder mit **Lakshmis** Hilfe erringen kann. Wie in den Häusern, so soll an **Divali** auch in den Herzen der Menschen das Licht wieder neu angezündet werden, damit sich die Göttin gern darin niederlässt.

➡ Lies den Text aufmerksam durch und unterstreiche die verschiedenen Arten von Glück oder Wohlstand, von denen man sagt, die Göttin Lakshmi bringe sie den Menschen.

➡ Nenne möglichst viele Symbole im Bild, die ihre Eigenschaften und Funktionen verdeutlichen.

Lakshmi, die Göttin des Glücks und des Wohlstands

_____

_____

_____

_____

_____

_____

_____

_____

_____

➡ Nimm jetzt eine andere Farbe und unterstreiche im Text alles, was etwas über die Symbolik und Bedeutung von Licht am *Divali*-Fest aussagt.

➡ Welche Lichterfeste kennst du? Wähle eins davon aus und finde heraus, welche Bedeutung das Licht dabei hat. Beschreibe Gemeinsamkeiten und Unterschiede zur Bedeutung des Lichtes beim *Divali*-Fest.

DIE WIEDERGEBURT DER SEELE

Die *Bhagavadgita* ist eine der wichtigsten heiligen Schriften der Hindus. Sie erzählt von *Arjuna* (sprich: Ardschuna), einem Prinzen aus der Kriegerkaste. Als er auf dem Schlachtfeld Bekannte, Verwandte und ehemalige Lehrer als seine Gegner erkennt, will er lieber selbst sterben, anstatt das Risiko einzugehen, jene zu töten. Sein Wagenlenker, Gott Krishna, belehrt ihn aber darüber, dass man in manchen Situationen für die Gerechtigkeit kämpfen muss, und dass die in den vergänglichen und immer wiederkehrenden Körpern wohnenden Seele ohnehin nicht getötet werden kann, da sie unsterblich ist. Die folgenden Verse geben das Gespräch der beiden wieder.

„Gescheh', was mag, ich kämpfe nicht;
Dies ist und bleibt mein fester Will'."
So sprach der edle Ardschuna,
Und tief bekümmert schwieg er still.

Dein Wort scheint sinnvoll, doch du klagst
Um die, die nicht beklagenswert,
Ein Weiser klagt um niemanden,
Dem Leben oder Tod beschert.

Nie war die Zeit, da ich nicht war
Und du und dieser Fürsten Schar,
Nie kommt der Tag, da wir nicht sind,
Im Lauf der Zeit herbei fürwahr.

Denn wie die Seele jetzt im Leib
Zum Knaben; Jüngling, Greise wird,
So lebt sie auch im neuen Leib:
Das glaubt der Weise unbeirrt.

Verbindung mit dem Stofflichen
Schafft Glut und Kälte, Lust und Schmerz,
Die geh'n und kommen dauerlos,
Ertrage sie mit starkem Herz.

Denn wer sie duldet unberührt,
Wer standhaft ist in Freud' und Leid,
Wer gleich sich bleibt zu jeder Zeit
Der reift für die Unsterblichkeit.

Nie wird das Nichtsein wesenhaft,
Und wesenlos wird nicht das Sein,
Des Seins und Nichtseins Unterschied
Sieht jeder Wahrheitskund'ge ein.

Es bleibt der Urgrund ewiglich,
Von dem dies All ist ausgespannt;
Zunichte werden kann er nicht,
Denn er hat ewigen Bestand.

Vergänglich sind die Leiber nur,
Der ew'ge Geist, der sie beseelt,
Ist ohne Ende, ohne Maß,
Drum kämpfe unverzagt als Held!

Wer meint, dass jemand sterben muss,
Wer glaubt, es morde je ein Mann,
Der irrt: Der Geist vergeht niemals,
Der Geist auch niemals töten kann.
Nicht entsteht er, nicht vergeht er;
Wie er war, so bleibt er immer,
Ungeboren, unvergänglich;
Stirbt der Leib auch, er stirbt nimmer.

Wer weiß, dass dieser ewig bleibt,
Wie er von je gewesen schon,
Wie kann der einen Mord begeh'n,
Wie Mord anstiften, Prithas* Sohn?

Wie die Menschen sich des frischen
Kleides nach dem alten freuen,
Also tauscht die Seele immer
Alte Leiber mit den neuen.

Die Seele spalten Pfeile nicht,
Die Seele brennen Flammen nicht,
Die Seele netzen Fluten nicht,
Die Seele dörren Winde nicht,

Unspaltbar stets, unbrennbar stets,
Unnetzbar und undörrbar stets,
Allgegenwärtig zeigt sie sich
Und ewig, unverrückbar stets.

Unsichtbar, unveränderlich,
Undenkbar auch wird sie genannt,
Drum klage nicht, nachdem du so
Der Seele Wesen hast erkannt.

Doch glaubst du, sie sei untertan
Dem Walten von Geburt und Tod,
Auch so tut um die Seele nicht,
O Ardschuna, dir Klage not.

Denn untergeh'n muss, was entsteht,
Und wiederkehren, was verschwand,
Drum klage nicht um das, was du
Als unvermeidlich hast erkannt.

*Pritha ist der Name von Arjunas Mutter

➡ Lies dir die Verse, die Krishna über die Wiedergeburt der Seele lehrt, in aller Ruhe durch. Suche dann einen oder zwei von ihnen aus und male ein Bild dazu.

➡ Welche Gedanken und Gefühle hast du, wenn du dein Bild nun betrachtest? Schreibe sie dazu.

RELIGION UND GESELLSCHAFT (1)

Lars und Shankar (sprich Schankar, sh wird immer sch gesprochen) haben sich als Brieffreunde kennen gelernt. Lars hat letztes Jahr in den Sommerferien mit seinen Eltern in Indien Urlaub gemacht und hat dabei auch Shankar besucht. Seitdem sind die beiden gute Freunde und telefonieren sogar ab und zu miteinander.

„Und Shankar? Haben sie dich genommen?" – „Am Gymnasium meinst du? Nein, vergiss es, das hätte ich mir aber eigentlich auch denken können. Die nehmen keine Shudras." – „Hä, warum nicht und was ist das denn überhaupt?" – „Weil sie glauben, aufs Gymnasium geht nur, wer auch studiert und zum Studieren sei ich eben nicht geboren. Ich sei für andere Berufe gemacht. Schuhmacher soll ich besser werden, hat mir der Direktor gesagt. Ich wundere mich, dass er sich überhaupt herabgelassen hat, mit mir zu sprechen." – „Ich versteh immer nur Bahnhof. Könntest du mir mal endlich erklären, was das alles soll?" – „Ja klar, entschuldige. Also, die indische Gesellschaft ist bis heute mehr oder weniger streng in vier Kasten, das sind so Gruppen, eingeteilt. Am angesehendsten sind die Brahmanen, die Priesterkaste. Sie kennen die heiligen Schriften, führen die Opfer und Rituale durch und werden bis heute zu allen wichtigen Angelegenheiten befragt, denn sie haben den Kontakt zu Göttern und wissen daher, was in jeder Situation das Richtige ist. Heute sind sie nicht mehr alle Priester, aber sie sind die Gelehrten, heute eben an den Unis und so. Die zweite Kaste sind die Krieger, die das Land zu verteidigen und zu regieren haben. Daher kamen und kommen auch Könige und Regierungsbeamte aus dieser Kaste. Die dritte Kaste setzt sich aus Händlern und Bauern zusammen, die für die Nahrung und das materielle Wohl des Landes zu sorgen haben. Und schließlich gibt es dann noch die vierte Kaste, die Shudras, die die dienenden Aufgaben für die Gesellschaft übernehmen. Ihre Berufe reichen vom Schuhmacher bis zum Straßenkehrer. Und weil meine Eltern und deren Eltern und so weiter alle Shudras waren, bin ich eben auch einer. Man wird halt in seine Kaste hineingeboren. Und da kommt man auch nicht mehr raus. Da kann ich lernen so viel ich will, das interessiert leider keinen. Offiziell ist das Kastensystem hier schon lange abgeschafft, aber es funktioniert eben doch noch. Eigentlich kann ich noch froh sein. Denn es gibt auch Kastenlose, zum Beispiel Kinder, deren Eltern aus verschiedenen Kasten kommen. Die gehören dann zu gar keiner Kaste mehr. Sie müssen außerhalb des Dorfs leben und kriegen nur Almosen von den Dorfbewohnern. Wenn mal eine Kuh oder ein anderes Tier stirbt, dürfen sie kommen, um das tote Vieh wegzuräumen. Das ist echt noch schlimmer." – „Aber woher kommen denn die Kasten überhaupt?" – „In unseren heiligen Büchern, den Veden, wird berichtet, dass die Kasten aus dem göttlichen Urwesen Purusha entstanden sind. Aus seinem Mund oder Kopf seien die Brahmanen entstanden, aus seinen Armen die Krieger, aus seinen Beinen die Händler und Bauern und aus seinen Füßen die Shudras, die Diener." – „Und das findest du gut? Ich finde das ziemlich ungerecht. Bei uns in Deutschland gibt es so was nicht. Hier kann jeder werden, was er will, und alle sind gleich." – „Ist das wirklich so? Das wäre ja klasse, Lars. Du, lass uns ein andermal weiter darüber diskutieren. Ich muss jetzt erst mal auflegen. Mach's gut. Ich ruf dich bald mal wieder an." – „Na gut. Tschüs Shankar."

▶ Unterstreiche mit vier verschiedenen Farben, was du im Text über die vier Kasten erfährst und schreibe die für die jeweilige Kaste typischen Berufe in eine Tabelle in dein Heft.

▶ Warum findet Lars das Kastensystem ungerecht?

_____

_____

_____

_____

_____

RELIGION UND GESELLSCHAFT (2)

➡ Die Zeichnung stellt die indische Gesellschaft mit ihren Kasten nach der Erzählung aus den heiligen Schriften der Hindus, den *Veden*, dar. Betrachte das Bild eine Weile und schreibe auf, was du darüber denkst. Versuche negative und positive Seiten einer solchen Gesellschaftsform zu nennen. Du kannst das Bild natürlich auch ausmalen.

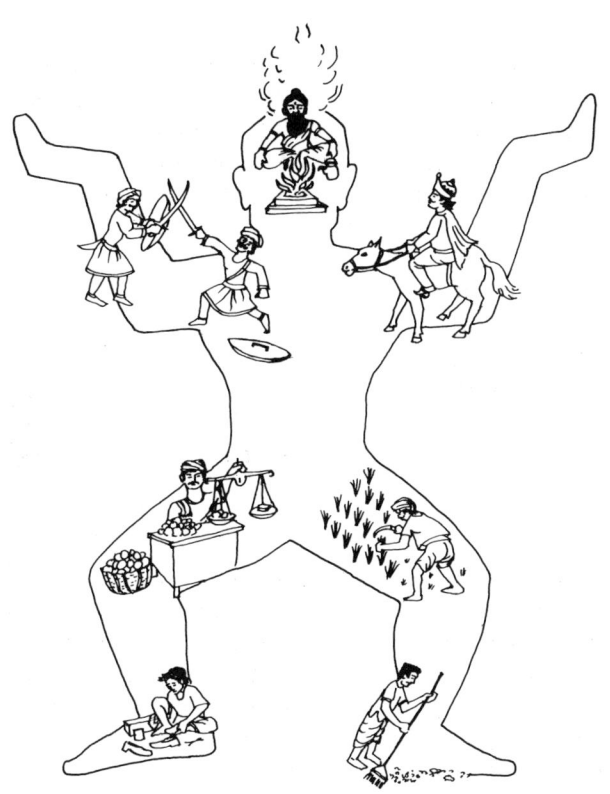

➡ Lars sagte zu seinem Freund Shankar am Telefon, dass in Deutschland jeder werden könne, was er will, und dass alle gleich wären. Überlege dir, wie in Deutschland die Gesellschaft aussieht. Haben hier wirklich alle die gleichen Chancen und Rechte? Sprich auch mit deinen Eltern und Freunden darüber und frage sie nach ihrer Meinung.

➡ Zeichne ähnlich wie oben einen „Gesellschaftskörper" für Deutschland (also den Umriss eines Menschen) in dein Heft. Schneide die Bilder unten auf diesem Blatt aus und klebe sie so in den Körper, wie du glaubst, dass diese Berufe in Deutschland angesehen werden. Sprecht in eurer Klasse über eure Ergebnisse.

➡ Ihr könnt auch gemeinsam in der Klasse auf eine Tapetenrolle einen lebensgroßen Umriss eines Menschen zeichnen. Überlegt euch noch mehr Berufe und schreibt oder malt sie in den „Körper unserer Gesellschaft". Hängt das Bild in der Schule oder an einem öffentlichen Platz auf und findet heraus, wie andere Menschen darüber denken.

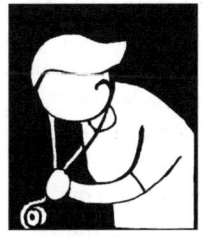     

Ärztin **Politiker** **Bauarbeiter** **Lehrerin** **Sekretärin** **Bankdirektor**

Professor **Priester** **Müllmann** **Richter** **Bundeswehrsoldat** **Sportler**

HINDU-FRAUEN IN DEN HEILIGEN SCHRIFTEN UND IN DER GEGENWART

Das Gesetzbuch des Manu ist im Hinduismus die meist befragte heilige Schrift, wenn es um richtiges Verhalten in der Gesellschaft oder in der Familie geht. Oft wirken die religiösen Anweisungen bis in den heutigen Alltag. Auch wenn das Leben auf dem Land und das in den Großstädten sich stark voneinander unterscheiden, da in den Städten der westliche Einfluss immer weiter zunimmt, ist für die Mehrzahl der Hindus der Alltag doch immer noch stark von der Tradition und Religion geprägt.

➡ Nehmt vier farbige Stifte und markiert die folgenden Kästen mit den darin enthaltenen Aussagen je nach Kategorie (vgl. Tabelle).

	Aussagen über die Frau aus den heiligen Schriften „Das Ideal"	Aussagen über die Frau aus der indischen Realität „Die Wirklichkeit"
positiv	rot	grün
negativ	blau	gelb

Wo die Frauen geehrt werden, da sind die Götter zufrieden, wo sie missachtet werden, können heilige Riten keinen Erfolg haben.

Der Stand der Frau in der eingeheirateten Familie ist auch heute noch von der Anzahl ihrer Söhne abhängig.

Statistiken einer Abtreibungsklinik in Bombay weisen alarmierende Zahlen auf: von 8.000 abgetriebenen Föten waren 7.999 weiblich.

Frauen arbeiten heute vielfach in hoch angesehenen Berufen, zum Beispiel als Ministerinnen, Richterinnen, Ärztinnen, Lehrerinnen oder Wissenschaftlerinnen. Ihre Gleichstellung ist verfassungsmäßig garantiert.

Kein Mann kann seine Frau jederzeit bewachen. Daher soll er sie damit beschäftigt halten, das Haus zu säubern, die religiösen Pflichten zu erfüllen und das Essen zu bereiten. Frauen sollen unter Aufsicht vertrauensvoller und gehorsamer Diener im Haus gehalten werden.

Da, wo die Frauen nicht glücklich sind, gehen die Familien zugrunde, wie durch eine magische Hand zerstört.

Manche nennen die Kuh, die sie zur Hochzeit ihrer Tochter erhalten, ein Geschenk. Aber das ist falsch. Solange sie irgendetwas annehmen, sei es klein oder groß, ist das ein Verkauf des eigenen Kindes.

Die Quote derer, die nicht lesen und schreiben können, liegt bei den Männern in Indien bei 33%, bei den Frauen aber bei 57%.

Indira Gandhi war von 1966 – 1977 und von 1980 – 1984 Indiens Premierministerin.

Männer, die vom Eigentum der Frau leben, begehen eine große Sünde.

Wem auch immer sie von ihrem Vater oder von ihren Brüdern zur Frau gegeben wird, dem muss sie gehorchen, solange er lebt. Und auch wenn er tot ist, darf sie ihn nicht beleidigen oder beschimpfen, nicht einmal in ihren Gedanken.

Mahatma Gandhi sah Mann und Frau gleich gestellt und begabt mit den gleichen geistigen Fähigkeiten.

Auch wenn er mittellos ist, seine Freuden woanders sucht und keine guten Charaktereigenschaften besitzt, muss der Mann von seiner treuen Frau trotzdem als Gott verehrt werden.

Durch Pflichtverletzung ihrem Gatten gegenüber wird eine Frau in dieser Welt missachtet werden, nach dem Tod wird sie in den Schoß eines Schakals eingehen und dort durch Krankheit für ihre Sünde bestraft werden.

Durch ihre Leidenschaft für Männer, ihr wankelmütiges Gemüt, ihre natürliche Herzlosigkeit, werden sie ihrem Mann untreu, wie sorgsam man sie auch immer hüten mag.

Mädchen weisen eine höhere Sterblichkeit auf, weil sie weniger und auch schlechtere Nahrung bekommen als ihre Brüder.

Die Mitgift für ein Mädchen übersteigt häufig das Jahreseinkommen der Brautfamilie. Oft werden die Ehefrauen nach ihrer Hochzeit zu Nachzahlungen angehalten. Kann nichts mehr gezahlt werden, fallen die Frauen nicht selten inszenierten Unfällen zum Opfer.

In ganz Indien hält die Frau die Familie zusammen und bemüht sich, dass auch bei größter Armut das Leben seine Würde behält.

FRAUEN IN RELIGIÖSER TRADITION UND GEGENWART

➡ Schau dir die Zitate von Seite 72 noch mal an und überlege, welche Bedeutung Religion und Tradition für die heutige Situation der Frauen in Indien haben.

_____

_____

_____

_____

Alle fünf Jahre wird in Indien ein neues Parlament gewählt. Der seit 1998 amtierende Regierungschef A. B. Vajpayee hat unter anderem auch das Thema der Frauenförderung in sein Wahlprogramm aufgenommen.

➡ Spielt in eurer Klasse einen Diskussionsabend nach, zu dem einerseits Mitglieder des Vereins für Frauenrechte *Manushi* und andererseits Vertreter der Organisation *ShivSen* eingeladen wurden. (*ShivSen* versucht, in Indien die hinduistischen Traditionen und religiösen Gebote wieder stärker durchzusetzen.) Sucht für diese Wahlveranstaltung einen Moderator aus. Er kommt aus Vajpayees Partei und hat die Aufgabe, alle Anwesenden als Wähler zu gewinnen.
Ihr könnt für eure Diskussion die Inhalte der Zitate von Seite 72 als Argumente benutzen.

➡ Du warst als Gasthörer auch zu diesem Diskussionsabend eingeladen. Schreibe nun einen Brief an Regierungschef Vajpayee. Was würdest du ihm zu den geplanten Frauenförderungsprogrammen raten?
Schlage auch Konkretes vor, zum Beispiel Gesetze oder Projekte, die du für sinnvoll hältst.

Anders als in weiten Teilen Indiens muss bei uns in Deutschland kein Mädchen wegen seines Geschlechts um sein Leben bangen, noch werden Frauen durch kulturelle Traditionen in Abhängigkeit gehalten oder durch religiöse Gebote grundsätzlich benachteiligt. Sieht man von einzelnen Ausnahmen ab, sind Frauen bei uns nicht nur laut Gesetz, sondern auch im täglichen Leben gleich gestellt.

➡ Wie sieht es aber mit der ausdrücklichen Wertschätzung von Frauen in Deutschland aus? Gibt es etwas, für das sie bei uns besonders geachtet werden?

_____

_____

_____

_____

➡ Welche Frauenpersönlichkeiten (z. B. aus der Familie, aus dem öffentlichen Leben, aus heiligen Schriften wie Bibel oder Koran, aus der Unterhaltungsbranche usw.) verehrt ihr besoders? Warum?

_____

_____

_____

„GOTT IST ÜBERALL ZU HAUSE" (1)

Viele Hindus, die außerhalb von Indien leben, versuchen ihre religiösen Traditionen und Rituale beizube-halten. Allein in Deutschland leben fast 100.000 von ihnen, und das ist verglichen mit England oder den USA nur eine sehr kleine Gruppe. Aber es gibt in Europa nicht so viele Hindutempel, zu denen die Gläubigen gehen könnten. Daher begnügen sich die meisten mit der auch in Indien durchaus üblichen Form des Haus-altars, um die regelmäßigen religiösen Zeremonien durchzuführen. So ein Hausaltar lässt sich mit wenigen aus der Heimat mitgebrachten Dingen überall einrichten: Ein Bild oder eine Statue des besonders verehrten Gottes oder der Göttin, Räucherstäbchen, ein Glöckchen, eine kleine Öllampe sowie ein Kampferschwenker und etwas *Kumkum*, ein rotes Pulver, das bei der *Puja* (sprich Pudscha), der Gottesverehrung, gebraucht wird, reichen schon aus. Die verschiedenen Traditionen benutzen unterschiedliche weitere Elemente.

Katharina und ihre Familie haben zurzeit einen indischen Gast. Katharina erzählt:

„Mein Vater arbeitet in einer Computerfirma. Da ha-ben sie jetzt auch einen indischen Computerspezialis-ten eingestellt und weil der so schnell noch keine Wohnung finden konnte, wohnt er im Moment erst mal bei uns im Gästezimmer. Er heißt Ravi und ist Hindu.

Besonders montagmorgens merkt man das so richtig, da macht er nämlich seine Puja. Er hat sich alles, was er dazu braucht, von zu Hause mitgebracht, sich ein Regalbrett leer geräumt und darauf seinen kleinen Al-tar aufgebaut. Dass er nicht in einen richtigen Tempel gehen kann, findet er zwar schade; es ist aber nicht so schlimm. Er hat gesagt: „Gott ist überall zu Hause."

Ravi ist Shivait (sprich Schiva-it), so heißen die An-hänger von Shiva, einem der drei großen Götter im Hinduismus. Es gibt Brahma, den Erschaffer, Vishnu, den Erhalter und eben Shiva, den Zerstörer und Erneuerer. Die drei arbeiten sozusagen zusammen und halten das Weltgeschehen in einem riesigen Kreislauf in Gang.

Montags also frühstückt Ravi nicht, sondern blockiert erst mal für eine Weile das Bad, um sich zu rasieren und ausgiebig zu duschen. Dann kommt er – nur in ein Handtuch gewickelt – raus und pflückt auf dem Balkon ein paar Blüten ab, die er auf seinen Altar legt. (Mama hat's erlaubt.) Die Blumen sind für Shiva ...

Dose mit Asche für die 3 Streifen auf der Stirn

Blumen für die Gottheit

Kleine Glocke

Kampferschwenker

Götterbild oder Götterstatue (hier Shiva)

Dose mit rotem Kumkumpulver

Öllampe

Räucher-stäbchen

„GOTT IST ÜBERALL ZU HAUSE" (2)

... Dann bestreicht Ravi seine Stirn mit Asche, drei Streifen von links nach rechts. Das ist das Zeichen für die Anhänger von Shiva. Es heißt, dass man sich jetzt ganz bewusst auf Gott konzentrieren will. Dann fängt das eigentliche Ritual mit dem Läuten des Glöckchens an. Shiva wird damit zu dieser kleinen Feier erst einmal eingeladen. Danach zündet Ravi vor seinem Altar stehend die kleine Öllampe an und daran wiederum zwei Räucherstäbchen, die er vor dem Altar im Kreis schwenkt. Der gute Duft soll den Gott erfreuen. Er steckt die Stäbchen in einen Halter und betet. Das heißt, ich weiß nicht, ob er wirklich betet, aber es sieht so aus, weil er vor seiner Brust die Hände flach zusammenlegt, die Augen schließt und eine Weile ganz still dasteht.

Anschließend nimmt er diesen Metallhalter, eine Art kleine flache Schale mit Griff, tut ein wenig Kampfer hinein und zündet ihn an. Kampfer riecht ganz intensiv und verbrennt hinterher vollständig, ohne Asche zu hinterlassen. Mit der brennenden Flamme geht Ravi zuerst vor unsere Wohnungstür, um für uns alle, die wir hier wohnen, Segen zu erbitten, dann auf den Balkon, um der Sonne seine Ehre zu erweisen und anschließend kommt er zu jedem von uns, und man kann sich von dem Licht „nehmen". Man geht mit den Handflächen nah an die Flamme und führt sie dann zu den Augen. Das Licht soll uns schützen und unser inneres Licht wieder entzünden, sagt Ravi. Ravi taucht dann seinen Finger in die Dose mit dem roten Kumkumpulver und macht sich und uns damit einen roten Punkt auf die Stirn, genau zwischen die Augenbrauen, denn da ist eine Art verborgenes, inneres Auge, das Gott erkennen kann. Mit dem Kumkum schmückt man es, um Shiva zu zeigen, dass man dieses dritte Auge ehrt und von Schmutz rein hält.

Danach stellt Ravi alles zurück auf sein Regal und bläst dreimal in so eine besondere Muschel. Das klingt schon beeindruckend. Es ist eine Ehrung und ein Dank an Shiva, dass er die Familie beschützt und allen Gesundheit geschenkt hat. Jedenfalls bedeutet es das für Ravi, aber er sagt auch, dass das bei jedem Hindu ein bisschen anders ist.

Zum Schluss rezitiert er noch ein altes indisches Gebet:

Asato Ma Sad Gamaya.
Tamaso Ma Jyotir Gamaya.
Mrityor Ma Amritam Gamaya.
Das bedeutet:
Vom Unwirklichen führe mich zum Wirklichen.
Aus der Dunkelheit führe mich zum Licht.
Vom Tod führe mich zur Unsterblichkeit.

Ich mag dieses Gebet und Ravi hat versprochen mir beizubringen, wie man es richtig singt, bevor er eine eigene Wohnung gefunden hat und wieder bei uns auszieht."

➡ Lege in deinem Heft eine zweispaltige Tabelle an und schreibe in die erste Spalte Symbole und symbolische Handlungen der hinduistischen *Shiva-Pooja*.

➡ Überlege nun, welche Symbole und symbolischen Handlungen im christlichen Gottesdienst vorkommen, schreibe sie in die zweite Spalte und betrachte die beiden Spalten der Tabelle im Vergleich. Was ist ähnlich, was ist verschieden?

In Deutschland gibt es neben einigen kleineren „Tempeln" – das sind meist schön hergerichtete Kellerräume oder eigens für die Andacht angemietete Wohnungen – jetzt in Hamm/Westfalen einen neu erbauten großen Hindutempel nach südindischem Vorbild.

➡ Erkundigt euch bei Zeitungsredaktionen, in neueren Büchern und im Internet über den Sri-Kamadchi-Tempel in Hamm-Uentrop und erstellt eine Informationswand mit Bildern und Hintergrundmaterial zum Tempel und zum religiösen Leben von Hindus in Deutschland.

DIE VIER EDLEN WAHRHEITEN

Der Fürstensohn Siddhartha Gautama hatte eines Tages, nachdem er einen Alten, einen Kranken und einen Toten gesehen hatte, sein reiches Elternhaus verlassen und war mit den Wanderasketen in die Wildnis gezogen. Er wollte herausfinden, wie man den Kreislauf von Geburt, Tod und Wiedergeburt durchbrechen könnte, um nicht mehr in diese leidvolle Welt zurückkehren zu müssen. Nach vielen Jahren intensiver innerer Suche erkannte er in tiefer Meditation unter einem Baum sitzend die folgenden „Vier edlen Wahrheiten", die ihn zum *Buddha*, zu einem „Erwachten", werden ließen.

Nach dieser Erfahrung zog er über vierzig Jahre umher und teilte sein Wissen mit anderen:

„Dies, ihr Mönche, ist die edle Wahrheit vom Leiden. Geburt ist Leiden, Alter ist Leiden, Krankheit ist Leiden, Tod ist Leiden, mit Unliebem vereint sein ist Leiden, von Liebem getrennt sein ist Leiden, nicht erlangen, was man begehrt, ist Leiden (...).

Dies, ihr Mönche, ist die edle Wahrheit von der Entstehung des Leidens; es ist der Durst, der zur Wiedergeburt führt (...): der Lüstedurst, der Werdedurst, der Vergänglichkeitsdurst.

Dies, ihr Mönche, ist die edle Wahrheit von der Aufhebung des Leidens: die Aufhebung dieses Durstes durch restlose Vernichtung des Begehrens, ihn fahren lassen, sich seiner entäußern, sich von ihm lösen, ihm keine Stätte gewähren.

Dies, ihr Mönche, ist die edle Wahrheit vom Wege zur Aufhebung des Leidens: es ist dieser edle achtfache Pfad, der da heißt: rechtes Glauben, rechtes Entschließen, rechtes Wort, rechte Tat, rechtes Leben, rechtes Streben, rechtes Gedenken, rechtes Sichversenken."

(Aus: Buddha. Worte der Vollendung. Hrsg. und überarbeitet von Wolfgang Kraus. © 1992 Diogenes Verlag AG Zürich)

➡ Lies den Text aufmerksam durch und versuche mit deinen eigenen Worten kurz die *Vier edlen Wahrheiten* zu beschreiben, die der Buddha in seiner Meditation erkannt hat.

1. _____

_____

2. _____

_____

3. _____

_____

4. _____

_____

➡ Was ist mit dem „Durst" als Ursache des Leidens gemeint, und warum führt er zum Leiden?

_____

_____

_____

➡ Die vierte edle Wahrheit beschreibt die acht Hilfsmittel, mit denen man diesen Durst überwinden kann. Lies sie dir noch einmal in Ruhe durch. Es macht nichts, wenn du im Moment nicht weißt, was der Buddha mit jedem von ihnen genau gemeint hat. Suche einfach zwei aus, mit denen du etwas anfangen kannst, und überlege dir Beispiele, wie diese „Hilfsmittel zur Erlösung" heute im praktischen Leben umgesetzt werden können.
Schreibe deine Gedanken auf die Rückseite des Blattes.

DAS RAD DER LEHRE

Das Rad ist das typische Symbol für den Buddhismus.

Es galt in Indien, wo der Buddhismus entstanden ist, schon sehr früh als Zeichen der Königswürde. Und gleich einem großen Herrscher, der die Räder seiner Streitwagen über die gesamte Erde rollen lässt, so soll auch der Buddha mit seiner Lehre die ganze Welt „erobern". Deshalb wird seine erste Predigt auch oft als „die erste Drehung des Rades" bezeichnet, denn damit setzte er die Verbreitung seiner Lehre in Bewegung. Und diese kann, so heißt es, von niemandem mehr angehalten werden, bis alle Wesen erlöst sind.

Der für viele Buddhisten wichtigste Teil dieser Lehre ist der so genannte „Achtfache Pfad", in dem Buddha acht Hilfsmittel beschrieben hat, die dem Menschen helfen, das höchste Glück, die Erleuchtung, zu erlangen. Diese acht Hilfsmittel sind hier als die Speichen des „Rades der Lehre" dargestellt.

➜ Versuche die Begriffe in den Radspeichen als Überschriften den entsprechenden Erklärungen zuzuordnen.

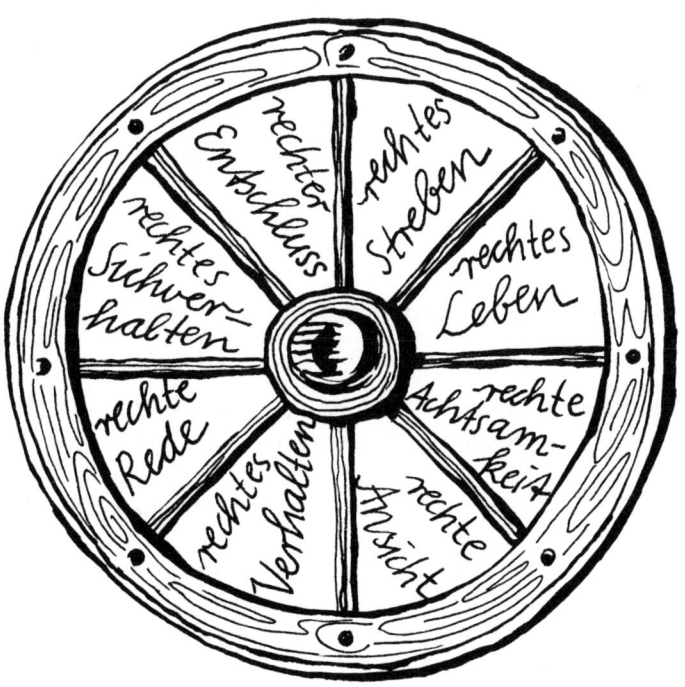

1. _____ bedeutet: das Erkennen der Lehre Buddhas als Grundlage der Erlösung.

2. _____ bedeutet: die Entscheidung, diesen Lehren zu folgen.

3. _____ bedeutet: Sie soll frei sein von Bosheit, Geschwätz und Lüge.

4. _____ bedeutet: Zum Beispiel nichts nehmen, was einem nicht gegeben wurde und die sinnlichen Vergnügen im Maß halten.

5. _____ bedeutet: Sein Leben so gestalten, dass man keinem anderen Leid zufügt.

6. _____ bedeutet: Bemühen und Durchhaltevermögen beim Loslassen aller weltlichen Wünsche.

7. _____ bedeutet: Das Wachsein für alles, was geschieht. Sowohl im Alltag wie in der Meditation.

8. _____ bedeutet: Konzentrierte Meditation, um das Denken und Fühlen zur Ruhe zu bringen.

➜ Im buddhistischen Verständnis symbolisiert das Bild oben den Pfad eines jeden hin zu seiner Erlösung. Betrachte die Zeichnung noch einmal in Ruhe und versuche dann die Satzanfänge zu vervollständigen.

Das Rad rollt, wenn _____

Wenn das Rad rollt, dann _____

GÜTE, DIE ERLÖSUNG DES HERZENS

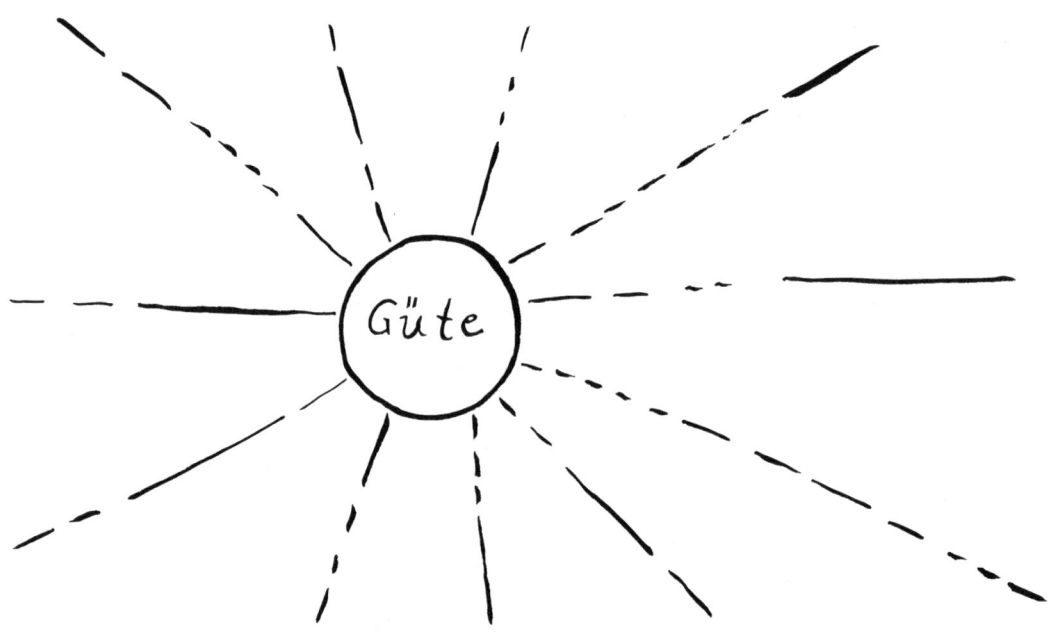

➜ Schreibe auf die Strahlen alles, was dir zu dem Begriff Güte einfällt.

Im Buddhismus gehört die Güte, als tiefe Freundlichkeit zu allen Wesen, neben dem Mitleid, der Mitfreude und dem Gleichmut zu den vier inneren Haltungen, die als die göttlichen gelten.

Bereits Buddha selbst hat über die Güte zu seinen ersten Anhängern gesprochen:

„Was es auch immer, ihr Mönche, an Verdiensten des Menschen gibt, sie alle haben nicht den Wert eines Sechzehntels der Güte, der Erlösung des Herzens, denn die Güte, die Erlösung des Herzens nimmt sie in sich auf und leuchtet und flammt und strahlt.
Gleichwie da, ihr Mönche, aller Sternenschein nicht den Wert eines Sechzehntels des Mondenscheins hat; denn der Mondenschein nimmt ihn in sich auf und leuchtet und flammt und strahlt – ebenso auch, ihr Mönche, haben alle Verdienste des Menschen, die es gibt, nicht den Wert eines Sechszehntels der Güte, der Erlösung des Herzens; denn die Güte, die Erlösung des Herzens, nimmt sie in sich auf und leuchtet und flammt und strahlt."

(Aus: Buddha. Worte der Vollendung. Hrsg. und überarbeitet von Wolfgang Kraus. © 1992 Diogenes Verlag AG Zürich)

➜ Was sagt dieses Zitat über die Güte aus?

_____

_____

_____

➜ Im Text oben heißt es, dass Güte die Erlösung des Herzens sei.
Was könnte damit gemeint sein? Schreibe deine Gedanken auf.

_____

_____

_____

_____

DIE MEDITATION DER HERZENSGÜTE

Die Meditation hat im Buddhismus ihren ganz besonderen Platz. Sie ist nicht in erster Linie zur Entspannung gedacht, sondern sie gehört zu den acht Hilfsmitteln, ohne die man Erlösung – und damit die Befreiung von jeglichem Leid – nicht erreichen kann. Auf diesem Weg hilft auch die täglich gelebte Güte – und zwar sowohl einem selbst als auch den Menschen, welchen man die Güte zukommen lässt.

Beides verbindend hatte schon der Buddha selbst eine Meditation gelehrt, die dazu beiträgt, solche Herzensgüte zu entwickeln und einzuüben.

Und diese *Meditation der Herzensgüte* wird auch heute noch von Buddhisten in aller Welt – von vielen sogar täglich – praktiziert. Probiere es doch auch einmal aus.

Gehe an einen Ort, an dem du dich wohl fühlst, und wo du in den nächsten zehn Minuten nicht gestört wirst.

Setze dich bequem, z. B. im Schneidersitz, aber mit geradem Rücken hin, schließe deine Augen und atme ein paar Mal langsam ein und aus, um deine Gedanken und deinen Körper ein wenig zur Ruhe zu bringen.

Versuche dich jetzt an eine Situation zu erinnern, in der du ein ganz starkes Gefühl von Güte und Wohlwollen gespürt hast und versuche dieses Gefühl wieder in dir wachsen zu lassen.

Stelle dir vor, dass es sich in dir ausbreitet und dich ganz ausfüllt. Wenn dir das schwer fällt, kannst du dir z. B. mit folgendem Satz helfen: „Möge ich glücklich und voller Liebe sein".

Spüre das warme Gefühl eine Weile und stelle dir dann einen Menschen vor, den du besonders gern magst, und dem du deine Herzensgüte gerne schicken möchtest. Hülle ihn dann ganz in die von deinem Herzen ausstrahlende Güte ein und wünsche dieser Person, dass sie glücklich sein möge.

Versuche als nächstes deine Güte auf jemanden auszurichten, der dir gleichgültig ist, also jemanden,

der in dir weder positive noch negative Gefühle auslöst. Hülle auch ihn (oder sie) nun mit deiner Herzensgüte ein.

Stelle dir jetzt jemanden vor, mit dem du vielleicht im Moment Probleme hast oder mit dem du dich nicht so gut verstehst. Versuche nun deine Herzensgüte in gleichem Maße auch zu ihm fließen zu lassen und hülle auch ihn vollständig damit ein. Wünsche auch dieser Person, dass sie glücklich sein möge.

Nimm dir Zeit dazu. Gerade am Anfang ist diese Übung nicht immer ganz einfach.

Nun konzentriere dich wieder auf die Güte, die aus deinem Herzen fließt und dehne sie immer weiter aus. Schicke sie zu deinen Nachbarn, in deine Stadt und ins ganze Land. Hülle dann nach und nach die ganze Welt, alle Menschen, Tiere und Pflanzen mit deiner Güte ein und werde dir ihrer Quelle in dir bewusst.

Bevor du deine Augen wieder aufmachst, bleibe noch einen Moment sitzen und beobachte, wie du dich fühlst.

➜ Erinnere dich an deine Gefühle und Erfahrungen während der Meditation. Mit welchen Begriffen könnte man sie am besten ausdrücken?

© Cornelsen Verlag Scriptor, Berlin • Cornelsen Copy Center • Religionen der Welt: Zwischen Himmel und Erde • Religion 7–10

DIE ELTERN EHREN – ABER WIE? (1)

Wahrscheinlich kennst du aus der Bibel das fünfte der zehn Gebote:

Ehre deinen Vater und deine Mutter. (2 Mo 20,12)

Dieses Gebot ist in der ein oder anderen Form in jeder Religion verankert und hat in den verschiedenen Kulturen unterschiedliche Ausprägungen gefunden.
Oft aber scheint es, dass die Religionsstifter selbst über die Art und Weise, wie man seine Eltern ehren soll, nichts gesagt haben; vielleicht erschien es ihnen zu selbstverständlich, als dass man ein Wort darüber hätte verlieren müssen ...

➡ Schaue dir das biblische Gebot noch einmal an und überlege dir Beispiele, wie man es heute umsetzen könnte.

Um Vater und Mutter zu ehren, könnte man zum Beispiel: _____

_____

_____

_____

Auch der Buddha hat bereits vor zweieinhalbtausend Jahren betont, dass man seine Eltern ehren und lieben soll. Aber er ist noch einen Schritt weiter gegangen und hat auch davon gesprochen, wie man das, was die Eltern für einen getan haben, wirklich aufwiegen kann.

„Zweien, sage ich, ihr Jünger, kann man das Gute kaum vergelten: Welchen beiden? Vater und Mutter. Sollte man, ihr Jünger, auf einer Schulter seine Mutter tragen, auf einer Schulter seinen Vater, dabei hundert Jahre alt werden, hundert Jahre am Leben bleiben (...), nicht genug, ihr Jünger, hätte man für seine Eltern getan, nicht das Gute vergolten. (...)
Aus welchem Grunde aber (sollte man die Eltern ehren)? Viel, ihr Jünger, tun die Eltern für ihre Kinder, sind ihre Erhalter und Ernährer, zeigen ihnen die Welt. Wer aber, ihr Jünger, seine Eltern, insofern sie ungläubig sind, im Glauben anspornt, stärkt und festigt; insofern sie geizig sind, in der Freigebigkeit anspornt, stärkt und festigt; insofern sie töricht sind, im Wissen anspornt, stärkt und festigt: Der, ihr Jünger, hat wahrlich für seine Eltern genug getan, ihnen das Gute vergolten, ja mehr als vergolten.“

(Aus: Buddha. Worte der Vollendung. Hrsg. und überarbeitet von Wolfgang Kraus. © 1992 Diogenes Verlag AG Zürich)

➡ Lies das Zitat aufmerksam durch und fasse mit eigenen Worten zusammen, wie Kinder ihren Eltern das Gute, das sie von ihnen erhalten haben, vergelten können.

_____

_____

_____

_____

➡ Überlege, was in dem Text über die Beziehung zwischen Eltern und Kindern ausgesagt wird.

_____

_____

_____

RELIGION

Buddhismus

DIE ELTERN EHREN – ABER WIE? (2)

Auf dem Bild rechts siehst du eine Szene, wie sie sich heute in fast jeder Familie abspielen könnte:

➡ Wie könnte die Situation nach buddhistischem Verständnis in besserer Weise weiter verlaufen?
Zeichne deine Ideen in den leeren Kasten rechts.

➡ Suche dir aus dem Buddhazitat von S. 80 eine der anderen Möglichkeiten aus, wodurch Kinder ihren Eltern
„das Gute vergelten", das heißt sie ehren und unterstützen können. Überlege dir dazu (ähnlich wie im
Beispiel oben) eine typische Alltagssituation und schreibe einen Dialog zwischen einem Vater bzw. einer
Mutter und Sohn oder Tochter, in dem diese nach buddhistischen Idealen handeln.

➡ Hast du dir schon einmal Gedanken darüber gemacht, wofür du deinen Eltern besonders dankbar bist oder
was du an ihnen besonders schätzt?

➡ Gestaltet in eurer Klasse eine Collage zum Thema: „Warum wir unsere Eltern ehren".
Ihr könnt in dieser Collage auch eigene Gedichte oder Bilder verarbeiten.

ZUFLUCHT

Bud – dham   Sha – ra - nam   Ga – ccha – mi
Dham – mam   Sha – ra – nam   Ga – ccha – mi
San – gham   Sha – ra – nam   Ga – ccha – mi

Ich nehme meine Zuflucht zu Buddha,
ich nehme meine Zuflucht zum Dhamma (der Lehre Buddhas),
ich nehme meine Zuflucht zum Sangha (der buddhistischen Gemeinde).

Diese Zeilen werden von Millionen Buddhisten auf der ganzen Welt täglich rezitiert. Man nennt das „die dreifache Zuflucht nehmen", also Zuflucht zu Buddha, seiner Lehre und der Gemeinschaft derer, die seiner Lehre folgend die Erleuchtung suchen. Die dreifache Zuflucht spielt in allen buddhistischen Strömungen eine große Rolle, da sie nicht nur in der täglichen spirituellen Praxis zentral ist, sondern auch bei der Aufnahme in einen Mönchs- oder Nonnenorden den wichtigsten Teil der Zeremonie ausmacht.

➡ Was weißt du über andere Religionen? Wo suchen Hindus, Muslime, Christen, Juden oder Gläubige anderer Religionsgemeinschaften Zuflucht?

_____

_____

_____

➡ Wann und warum glaubst du, suchen Menschen Zuflucht?

_____

_____

_____

➡ Welche anderen Arten Zuflucht zu suchen gibt es in unserer heutigen Welt?
Wo können auch Menschen, die keiner Religion angehören, Zuflucht finden?

_____

_____

_____

➡ Wo und in welchen Situationen suchst du Zuflucht (oder hast du schon einmal Zuflucht gesucht)?

_____

_____

_____

STRÖMUNGEN DES BUDDHISMUS

Die dreifache Zufluchtnahme zum Buddha, seiner Lehre und der Gemeinschaft derer, die dieser Lehre folgen, ist ein gemeinsames Merkmal aller Strömungen des Buddhismus. Aber nicht in jedem Detail sind sich die verschiedenen Schulen (so nennt man die Strömungen) so einig. Wie in allen Religionen haben sich auch hier mit der Zeit Unterschiede in den Glaubensvorstellungen entwickelt.

Nach Buddhas Tod bewahrten seine Anhänger alles im Gedächtnis und gaben die Lehre mündlich weiter. Aber erst hundert Jahre später wurden die ersten Texte auch schriftlich festgehalten. Schon zu dieser Zeit gab es verschiedene Meinungen darüber, was der Buddha tatsächlich gelehrt hatte, und der Buddhismus spaltete sich in zwei Hauptströmungen: Den *Theravada*, der Name bedeutet „die Schule der Alten" und den *Mahayana*, das heißt „großes Fahrzeug".

Der **Theravada-Buddhismus** dehnte sich nach Myanmar (Burma), Thailand, Kambodscha, Laos und Sri Lanka aus, wo um 35–32 v. Chr. auch der Pali-Kanon, die wichtigste heilige Schrift des gesamten Buddhismus, zum ersten Mal vollständig niedergeschrieben wurde. Im Theravada sind die Texte des Pali-Kanon die einzig anerkannten, da nur sie inhaltlich direkt vom Buddha stammen sollen.

Für die Anhänger des Theravada-Buddhismus war der Buddha kein Gott, sondern nur ein Mensch, wenn auch ein sehr außergewöhnlicher. Wie er, so muss jeder einzelne die Erlösung durch individuelles Bemühen selbst erreichen, es gibt keine Wesen oder andere Menschen, die dem Suchenden auf seinem Erleuchtungsweg helfen könnten. Jeder Mensch bleibt letztlich auf sich allein gestellt. Die beste Gelegenheit das Nirvana, das heißt die Erleuchtung, zu erreichen hat man als Mönch (oder Nonne) durch das Studium der heiligen Schrift und durch Meditation.

Der **Mahayana-Buddhismus** entwickelte sich in Nepal, Tibet, China, Japan, Korea und Vietnam und nahm Aspekte der verschiedenen in den Ländern bereits vorhandenen Glaubensvorstellungen und der Kultur in sich auf. So entstanden neue Formen wie z. B. der Zen-Buddhismus in Japan oder der tantrische Buddhismus in Tibet, die aber alle grundsätzlich Formen des Mahayana sind.

Allen diesen Schulen ist zum Beispiel gemeinsam, dass sie an Bodhisattvas glauben. Bodhisattvas sind göttliche Wesen oder bereits Erwachte, die aber aus Mitleid mit den Menschen ihren Eintritt in das Nirvana, das völlige Verlöschen, aufgeschoben haben, um durch ihre Gegenwart auf der Erde anderen auf dem Weg zur Erlösung helfen zu können.

Der Mahayana-Buddhismus hat neben dem Pali-Kanon auch spätere Schriften, in denen z. B. von früheren Leben des Buddha erzählt wird, als heilige Schriften anerkannt und neben den Mönchen und Nonnen auch die Laienanhänger in den Sangha, die buddhistische Gemeinde, aufgenommen. Diese versuchen stärker durch Anrufung des Namen Budhhas, durch kultische Verehrung der Buddhastatuen oder durch Dienst an den Mönchen oder in der Gesellschaft der Erleuchtung nahe zu kommen.

➡ Nimm dir zwei Buntstifte und male die Länder Asiens, in denen der Theravada-Buddhismus vorherrscht, mit der einen, die Länder, in denen der Mahayana-Buddhismus vorherrscht, mit der anderen Farbe aus. Schreibe dann die Merkmale der beiden Hauptströmungen, die du im Text findest, neben die Karte.

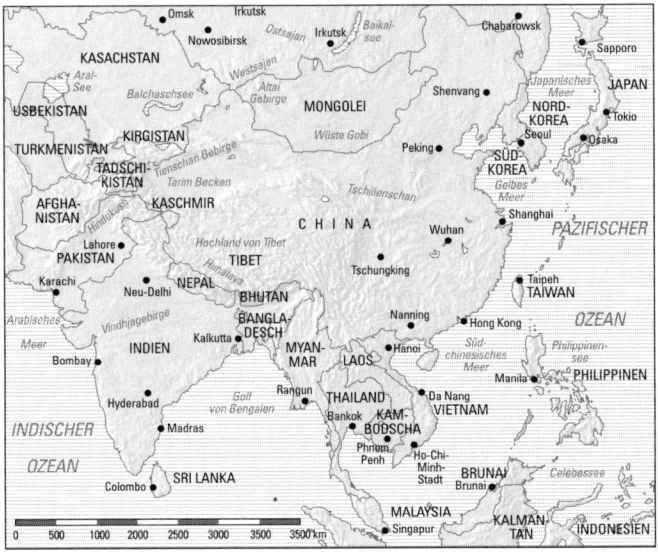

Theravada-Buddhismus:

_____

_____

_____

Mahayana-Buddhismus:

_____

_____

_____

THANISSAROS ALLTAG (1)

Thanissaro ist dreizehn und lebt in Nongkhai, einer kleinen Stadt in Thailand. Aber er wohnt nicht bei seiner Familie, sondern in dem buddhistischen Kloster am Stadtrand.

Thanissaros Eltern haben ihren ältesten Sohn vor drei Jahren zu den Mönchen in Obhut gegeben, weil sie das Essen und eine Schulausbildung für ihn nicht bezahlen konnten, aber auch – und das ist noch viel wichtiger – weil es für jeden buddhistischen Thai eine religiöse Pflicht ist, zumindest eine Zeit lang als Mönch oder Novize im Kloster gelebt zu haben.

Und Thanissaro gefällt es hier so gut, dass er ganz Mönch werden und im Kloster bleiben will. Hier hat er viele Freunde, jeden Tag eine warme Mahlzeit, ganz normalen Schulunterricht und lernt auch noch eine Menge über Buddha und seine Lehre. Die Gesänge und Meditationen vor der großen Buddhastatue am Morgen und am Abend liebt er besonders, und er freut sich schon darauf, auch im Krankenhaus, das zum Kloster gehört, mithelfen zu dürfen, wenn er etwas älter und ein richtiger, ordinierter Mönch ist. Dann kann er sich auch noch mehr in die Lehren und die Meditation vertiefen und vielleicht noch in diesem Leben die Erleuchtung erreichen.

Noch muss Thanissaro aber jeden Tag in die Schule.
Unten und auf der folgenden Seite findest
du seinen Tagesablauf.

Um **5.00 Uhr** ertönt der Weckgong, das Kloster erwacht und alle Mönche und Novizen stehen auf und waschen sich.

Um **5.30 Uhr** gehen wir in eine rote Robe gehüllt und barfuß in mehreren Grüppchen im Gänsemarsch mit unseren Almosenschalen los, um von den Menschen im Dorf Reis, Obst und manchmal auch eine komplette Mahlzeit zu erhalten. Auch Buddha und seine Anhänger damals waren ja auf Almosen von anderen angewiesen, also machen wir es jetzt auch so. Alle Lebensmittel werden dann später in der Klosterküche abgegeben und für das gemeinsame Mahl zubereitet.

Auf dem Bettelgang geht der dienstälteste Mönch natürlich ganz vorne, die jüngeren hinter ihm, und wir Novizen gehen ganz hinten.

Um **6.30 Uhr** beginnt das morgendliche Singen der heiligen Verse aus dem Pali-Kanon, unserer heiligen Schrift, oder meditativer Texte. Die handeln zum Beispiel von der Vergänglichkeit des Körpers oder von der Bedeutung von Herzensgüte und Mitleid zur Erlangung der Erleuchtung. Das Singen findet in einer offenen Tempelhalle statt, in der vorne ein großes, schönes Buddha-Standbild steht.

THANISSAROS ALLTAG (2)

Um **7.30 Uhr** schlägt dann endlich jemand den großen Gong zum gemeinsamen Frühstück. In einem Seitentrakt des Klosters setzen wir uns mit den Mönchen und anderen Novizen gemäß unserem Rang in Fünfergruppen zusammen. Wir sitzen um eine große Schale, aus der wir gemeinsam das essen, was wir morgens auf unserem Bettelgang erhalten haben und was ein paar freiwillige Dorfbewohner in der Klosterküche zubereitet haben. Wenn wir fertig sind, frühstücken auch die Besucher aus dem Dorf und räumen die Speisehalle und die Küche wieder auf. Jeden Tag sind ein paar Frauen aus der Stadt da, die uns bekochen und bedienen, denn es gilt als gutes Verdienst auf dem eigenen spirituellen Weg, Mönche durch Speisegaben oder durch kleinere Dienstleistungen wie dem Helfen im Klosteralltag zu unterstützen.

Nach dem Frühstück müssen wir Jüngeren kleinere Arbeiten auf dem Klostergelände erledigen. Wir fegen die Wege, helfen in der Küche oder machen unsere Hausaufgaben.
Um **11.00 Uhr** gibt es dann schon das Mittagessen. Meistens ist noch genug Essen vom morgendlichen Bettelgang übrig, damit alle Mönche, Novizen und auch noch die Besucher, die zum Kloster gekommen sind, um sich bei den Mönchen Rat zu holen, satt werden. Danach ist erst mal Mittagspause.

Um **13.00 Uhr** fängt dann die Schule an. Das Übliche – Englisch, Geschichte, Physik u.s.w. – steht auch bei uns auf dem Stundenplan und anschließend noch anderthalb Stunden Pali, die Sprache unserer heiligen Schrift, die alle Ordensregeln, Buddhas Worte und wichtige Kommentare dazu beinhaltet.
Dann haben wir endlich frei. Wir spielen zum Beispiel Fußball oder Frisbee oder tun zur Abwechslung auch mal gar nichts.

Von **16.35 – 16.50 Uhr** ist Zeit für die Meditation in der Meditationshalle und danach gibt's noch eine Stunde Dhammaunterricht, also Unterricht über die Lehren des Budhha.

Zum Tagesabschluss, damit man sich noch mal innerlich sammeln kann, gibt es dann um **18.00 Uhr** die Abendgesänge mit Meditation, so ungefähr wie morgens. Ins Bett gehen darf man, wann man will, aber um 5.00 Uhr am nächsten Morgen muss man ja wieder fit sein.

➔ Warum lebt Thanissaro im Kloster und was schätzt er am Klosterleben?

_____

_____

_____

_____

_____

_____

_____

Neuerdings kommen immer öfter Europäer in Thanissaros Kloster, um hier eine Weile lang den Klosteralltag mitzumachen, mit den Mönchen über Buddhas Lehre zu sprechen und zu meditieren. Thanissaro weiß nicht viel über Europa, aber er hat gehört, dass es dort immer genug zu essen und eine gute Schulausbildung für alle gibt, und er kann sich nicht vorstellen, warum man dort nicht auch den ganzen Tag meditieren und über Buddhas Lehre sprechen könnte. Warum also, so fragt er sich, kommen die Europäer denn wohl extra den weiten Weg nach Thailand in ein Kloster wie seines?

➔ Überlege dir, warum immer mehr Menschen aus dem Westen sich für den Buddhismus interessieren, regelmäßig meditieren und auch in die buddhistischen Länder Asiens reisen, um dort eine Zeit lang in einem Kloster zu leben. Schaue dir dazu auch einmal das Bild der bettelnden Mönche (S. 84) in Ruhe an.

➔ Schreibe dann Thanissaro einen Brief, in dem du versuchst, ihm seine Frage zu beantworten.

FRIEDEN LERNEN

Frieden ist ein schwieriges Wort

für _____ .

Und eine noch schwierigere Tat für _____ .

Frieden lernen muss man um zu _____ .

Frieden lernen muss man um zu leben _____

ohne _____ .

Frieden lernen muss man in _____ und anderswo,

in Herzen und _____ ,

in Schulen und _____ ,

auf Straßen und _____ .

Frieden lernen
Musst du.
Und ich.

(Nach: Ingelore Haepp, missio 10/2001)

> Ergänze die Zeilen des Gedichtes nach deinen Vorstellungen.

> Male die Grafik mit Farben aus, die deiner Meinung nach zum Frieden passen. Suche dir einen Begriff aus, den du auf dich selbst beziehen kannst, und überlege, inwiefern du Frieden fördern kannst.

> *Unter dem Begriff* _____ *verstehe ich* _____

_____

Ich kann zum Frieden beitragen, indem ich _____

_____

FRIEDENSSCHLAGZEILEN

Wie Feinde sich versöhnen
Plakate aus Jerusalem werben für Koexistenz und Versöhnung – eine Ausstellung internationaler Künstler vor dem Reichstag

Allah heißt einfach „der Gott"
Kinder begegnen einander mit großer Offenheit und Neugier. Sie interessieren sich für die Religionen der anderen. Kindergarten und Schule bieten sich dafür als gute Erfahrungsfelder an.

Eine Moschee als Touristenziel
Kulturverein Diyanet will multikulturelle Begegnungsstätte bauen

Vereint im Theologen-Streit
Morgen werden Katholiken und Protestanten die Erklärung zur Rechtfertigungslehre unterzeichnen

Katholische Kirche sucht Dialog mit anderen Religionen
Bischofskonferenz: Kardinal Lehmann betont den engen Zusammenhang von Religionsfrieden und Weltfrieden

Friede in Zeiten des Krieges
New York – Stadt der Religionen. Nirgends leben so viele Kulturen auf so engem Raum friedlich nebeneinander. Selbst die Terroranschläge konnten nicht zerstören, was die Stadt zusammenhält: Toleranz

Tag der offenen Moschee
Vorurteile abbauen

Der letzte Tag der Pilgerreise galt dem Frieden der Religionen
Resümee eines Juden: „So etwas gab es noch nie"

„Nisch kejn Konzert" und Schabbat-Feier
Woche der Brüderlichkeit

Gibt es ein ökologisches Weltethos?
Ein Anfang ist gemacht: Der Dialog der Weltreligionen über die ökologische Bedrohung des Planeten hat begonnen

Wenn nicht zu Pfingsten, wann denn dann?
Koranlesung im Gottesdienst

Thora war zäher als die Diktatur
40-jähriges Bestehen der Synagoge wird gefeiert

➡ Welche Schritte auf dem Weg zum Frieden zwischen Religionen und Konfessionen kannst du in den Schlagzeilen aus verschiedenen Zeitungen und Zeitschriften erkennen?

_____

_____

_____

_____

➡ Welcher Bericht würde dich am meisten interessieren? Warum?

_____

_____

➡ Achtet in der nächsten Zeit auf ähnliche Berichte in Zeitungen oder im Fernsehen und stellt sie euch in der Klasse gegenseitig vor. Ihr könnt aus verschiedenen Berichten eine eigene „Friedenszeitung" zusammenstellen.

EIN GOTT UND VIELE WEGE (1)

Im Hinduismus gibt es viele Gottesbilder, die unterschiedliche Eigenschaften oder Aspekte des einen höchsten Gottes darstellen. Da gibt es zum Beispiel Shiva, den Zerstörer, Krishna, den Hirtenjungen und Flötenspieler, Rama, den Königssohn und den elefantenköpfigen Ganesha. Aber auch weibliche Gottheiten wie Lakshmi, die Glücksgöttin, die Schrecken erregende Durga, oder Ganga, die Göttin des heiligen Flusses Ganges, die alles Schlechte im Menschen hinwegspült, sind Teil des einen Göttlichen und helfen, es für den Menschen begreifbar zu machen. Heilig sind auch bestimmte Bäume, Berge, Schlangen und Kühe, die als Erscheinungen verschiedener Götter gelten, und sogar Jesus und Buddha werden als göttliche Verkörperungen verehrt. Und neben all diesen Formen und ihren Verehrern gibt es natürlich auch die Menschen, die überhaupt kein Bild als Hilfsmittel brauchen, um das formlose Göttliche zu begreifen und zu verehren.

Wieso leben so viele unterschiedliche Glaubensrichtungen so friedlich nebeneinander? Warum versucht keiner den anderen von der Richtigkeit des eigenen Glaubens zu überzeugen?
Die Weisen sagen: Es gibt nur das Eine, aber es hat viele Formen.
Daran zumindest glauben alle Hindus, egal welche Gottheit sie in ihrem Alltag verehren.

In Indien erzählt man sich ein Gleichnis, das diese Weisheit eindrucksvoll veranschaulicht.

Das Gleichnis vom Elefanten und den Blinden

Wieder einmal stritten die Priester der verschiedenen Götter darüber, welche Form Gottes die richtige sei. Weil sie sich nicht einigen konnten, gingen sie zum König und baten ihn um Rat. Der König antwortete ihnen nicht, sondern befahl stattdessen seinen Dienern, alle Blindgeborenen des Königreiches an seinen Hof zu laden. Als diese sich versammelt hatten, rief er auch die Priester zu sich.
Er lies die Blinden verschiedene Teile des Elefanten betasten und forderte sie auf zu beschreiben, wie der Elefant beschaffen sei. Der Erste befühlte das Ohr und sagte: „Er ist wie ein flacher Korb zum Getreide schwenken." Der Zweite, der den Rüssel befühlt hatte, entgegnete: „Nein, nein. Der Elefant ist wie eine Pflugstange." Der aber, der den Stoßzahn befühlt

hatte, protestierte: „Nicht wie eine Pflugstange ist er, sondern wie eine Pflugschar." Da mischte sich der Vierte ein, der den Schwanz und die Schwanzhaare noch zwischen den Händen hielt und rief laut: „Alles, was ihr sagt, ist falsch, denn ich weiß, dass der Elefant wie ein Besen beschaffen ist." Aber ein weiterer, der das Bein des Tieres zu fassen bekommen hatte, widersprach in heftigstem Ton: „Ach, ihr Narren, wisst ihr denn nicht, dass ein Elefant so ist wie ein Pfeiler?"
So ging es hin und her und jeder rief: „Der Elefant ist so und nicht so." Und sie schlugen sich gegenseitig mit den Fäusten.
Der König aber war zufrieden und sprach zu seinen Priestern: „Seht ihr, so ist es auch mit Gott und der Wahrheit."

➔ Wofür stehen die Blinden in diesem Gleichnis? _____

_____

_____

➔ Wofür steht der Elefant? _____

_____

_____

➔ Warum streiten die Blinden am Schluss? _____

_____

_____

_____

EIN GOTT UND VIELE WEGE (2)

➜ Was müssten die Blinden tun, um den Streit beizulegen? _____

_____

➜ Was wollte der König den Priestern mit dieser Vorführung verständlich machen?

_____

_____

Dieses indische Gleichnis wird heute oft benutzt, um die Situation der Weltreligionen untereinander zu beschreiben. Die Anhänger der verschiedenen Religionsgemeinschaften werden dabei als die „Blinden" betrachtet, der Elefant symbolisiert Gott oder die Wahrheit.

➜ Warum werden die Anhänger der verschiedenen Religionen als Blinde dargestellt?

_____

_____

➜ Findest du das Gleichnis passend, um das Verhältnis der verschiedenen Religionen untereinander darzustellen?

Ja, weil... / Nein, weil... _____

_____

➜ Was sagt das Gleichnis über die Religionen und die Charaktereigenschaften der Anhänger aus?

_____

➜ Siehst du das auch so?

_____

➜ Welche Aufforderung beinhaltet diese Erzählung deiner Meinung nach?

_____

JUDEN – CHRISTEN – MUSLIME

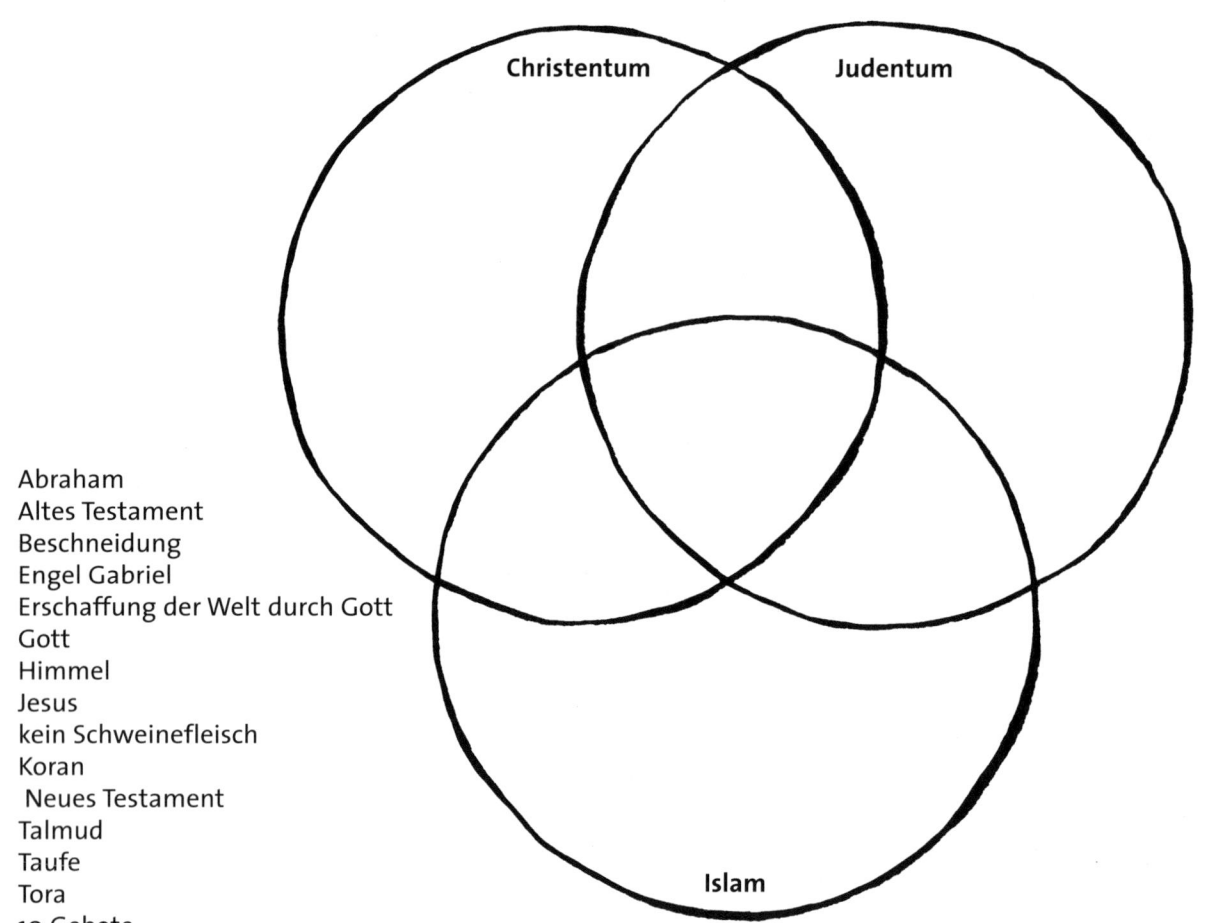

Abraham
Altes Testament
Beschneidung
Engel Gabriel
Erschaffung der Welt durch Gott
Gott
Himmel
Jesus
kein Schweinefleisch
Koran
 Neues Testament
Talmud
Taufe
Tora
10 Gebote

Das Judentum ist die älteste der drei Religionen, das Christentum ist aus dem Judentum hervorgegangen, der Islam bezieht sich auf die beiden älteren Religionen. Deshalb haben die drei Religionen manches gemeinsam, einiges verbindet zwei Religionen, vieles ist nur typisch für eine einzelne Religion.

➜ Tragt die gegebenen Begriffe an die entsprechende Stelle des Schemas oben. Ihr könnt noch eigene Begriffe ergänzen. Einige Begriffe sind eindeutig zuzuordnen, bei anderen gibt es verschiedene Auffassungen; manche sind nur teilweise gleich. Ihr könnt das bei euren Eintragungen ergänzen (z. B. „einzelne Inhalte des Neuen Testaments" oder „Jesus als Gesandter" in die Überschneidung von Christentum und Islam, „Jesus als Sohn Gottes" bei Christentum). Besonders wichtige und besonders umstrittene Begriffe:

_____

➜ Anschließend kann jeder sich mit einem Thema näher befassen, Erkundigungen einholen und dann den anderen vorstellen.
Ich wähle das Thema: _____

➜ Was weißt du schon darüber? Schreibe erste Stichpunkte auf.

_____

_____

➜ Schreibe die später erarbeiteten Informationen auf die Blattrückseite.

AUFBRUCH NACH ASSISI

„Wir schreiben den 24. Januar 2002: Der Papst fährt mit 240 Vertretern von 11 Weltreligionen im Zug von Rom nach Assisi. So viel Religion war wohl noch nie in einem Zug: Buddhisten, Hindus, eine Voodoo-Priesterin, Moslems, Schintoisten, Sikkhs, Katholiken, Protestanten, afrikanische Naturreligionen, Juden.
Obwohl sie noch immer in verschiedenen Abteilen saßen, bewegten sie sich doch alle in dieselbe Richtung: Zum heiligen Franz (1181–1226), der für den Frieden mit der Natur, für Gerechtigkeit, für Freundschaft mit Tieren und für Gewaltlosigkeit steht. Alle Religionschefs waren sich einig: ‚Niemand darf im Namen Gottes morden.' (...)"

(Aus: Publik-Forum 3/2002, S. 8)

➡ Warum fahren die Vertreter der Religionen gemeinsam nach Assisi?

Vertreter von 12 Weltreligionen und 31 christlichen Kirchen reflektierten in Assisi über die Bedingungen für einen globalen Frieden und verpflichteten sich zu folgenden Prinzipien:

1. *Wir verpflichten uns, unsere feste Überzeugung zu proklamieren, dass Gewalt und Terrorismus im Kontrast zu einem echten religiösen Geist stehen. Wir verurteilen jeden Rückgriff auf Gewalt und Krieg im Namen Gottes oder der Religion und verpflichten uns, alles Mögliche zu tun, um die Ursachen des Terrorismus auszumerzen.*
2. *Wir verpflichten uns, die Menschen zu gegenseitigem Respekt und gegenseitiger Hochachtung zu erziehen, damit sich ein friedliches Zusammenleben zwischen den Angehörigen unterschiedlicher Ethnien, Kulturen und Religionen realisieren lässt.*
3. *Wir verpflichten uns, die Kultur des Dialogs zu fördern, damit gegenseitiges Verständnis und Vertrauen zwischen den Einzelnen und den Völkern wachsen kann.*
4. *Wir verpflichten uns, das Recht jeder Person auf ein würdiges Leben gemäß ihrer eigenen kulturellen Identität zu verteidigen.*
5. *Wir verpflichten uns zum aufrichtigen Dialog, um zu erkennen, dass die Begegnung mit einer anderen Realität zu gegenseitigem Verständnis beitragen kann.*
6. *Wir verpflichten uns, uns die Irrtümer in Vergan-* *genheit und Gegenwart zu verzeihen. Wir müssen uns im gemeinsamen Bemühen unterstützen, Egoismus und Missbrauch, Hass und Gewalt zu besiegen und aus der Vergangenheit zu lernen, dass Friede ohne Gerechtigkeit kein echter Friede ist.*
7. *Wir verpflichten uns, an der Seite der Leidenden und Verlassenen zu stehen und uns zur Stimme derer zu machen, die selber keine Stimme haben.*
8. *Wir verpflichten uns, uns den Schrei derer zu Eigen zu machen, die nicht vor Gewalt und vor dem Bösen resignieren. Wir wollen der Menschheit eine echte Hoffnung auf Gerechtigkeit und Frieden geben.*
9. *Wir verpflichten uns, jede Initiative zu ermutigen, die Freundschaft zwischen den Völkern fördert, in der Überzeugung, dass technologischer Fortschritt ein steigendes Risiko von Zerstörung und Tod für die Welt einschließt, wenn solidarisches Einverständnis unter den Völkern fehlt.*
10. *Wir verpflichten uns, die Verantwortlichen der Nationen aufzufordern, alle Anstrengungen zu unternehmen – auf nationaler wie internationaler Ebene –, dass eine Welt in Solidarität und Frieden erbaut und gefestigt wird.*

➡ An welche Ereignisse aus Vergangenheit und Gegenwart denkst du bei den einzelnen Abschnitten? Schreibe sie mit der entsprechenden Ziffer auf die Blattrückseite.

➡ Unterstreiche in jedem Absatz den wichtigsten Begriff. Welche Verpflichtungen könntest du persönlich unterschreiben? Markiere sie.

➡ Formuliere selbst eine persönliche Verpflichtung, die dem Frieden dient:

Ich verpflichte mich _____

UNTERWEGS FÜR DEN FRIEDEN

© Rheinische Post, Nik Ebert

➡️ Schreibe auf, was du auf der Karikatur siehst. Beachte dabei die einzelnen Bildelemente.

_____

_____

➡️ Der Name „Sarajewo" auf dem Ortsschild erinnert an den Krieg in Jugoslawien. Was weißt du davon?

_____

➡️ Versuche, weiter gehende Informationen zu bekommen.

➡️ Die Karikatur erinnert auch an den Besuch von Papst Johannes Paul II. in dieser Stadt im April 1997.
Erkläre vor diesem Hintergrund das Kreuz in der Mitte des Bildes.

_____

_____

➡️ Im Mai 2000 hat zum ersten Mal ein Papst an der Klagemauer (des 70 n. Chr. zerstörten jüdischen Tempels)
in Jerusalem gebetet. Was drückt diese Haltung aus?

➡️ Inwiefern trug dieser Besuch zum Frieden bei? _____

_____

KENNST DU DICH AUS? – ETHIK IN DEN RELIGIONEN

Die folgenden Sätze sind aus den Quellen des Christentums, des Judentums, des Islam und des Buddhismus entnommen. Ordne sie entsprechend zu. Rate, was du nicht weißt, und vergleiche deine Zuordnung mit der Auflösung am Blattende.

1. „Niemand von euch glaubt wirklich, bis er seinem Bruder das wünscht, was er sich selbst wünscht."
   (_____)

2. „Du sollst dem Herrn, deinem Gott dienen … Du sollst deinen Nächsten lieben wie dich selbst."
   (_____ und _____)

3. „Wenn einer die restlose Vernichtung von Gier, Hass, Wahn empfindet, dann ist das Nirwana schon in diesem Leben verwirklicht." (_____)

4. „ Alles nun, was ihr wollt, dass es euch die Menschen tun, das sollt auch ihr ihnen tun."
   (_____)

5. „Hasst nicht einander. Kehrt einander nicht den Rücken." (_____)

6. „Was dir verhasst ist, das tue deinen Genossen nicht an! Das ist die Weisung ganz und gar. Alles andere ist ihre Auslegung. Geh und lerne!" (_____)

7. „Was ist der entdeckte Weg, der in der Mitte liegt? Es ist dieser edle achtteilige Pfad, der da heißt: richtige Erkenntnis, richtiges Denken, richtiges Wort, richtige Tat, richtiges Leben, richtiges Streben, richtiges Gedenken, richtiges Sichversenken." (_____)

8. „Wer von euch Böses sieht, soll es mit seiner Hand ändern. Wenn er es nicht kann, dann mit seiner Zunge; wenn er das nicht kann, dann mit seinem Herzen." (_____)

9. „Liebet eure Feinde; tut Gutes denen, die euch hassen." (_____)

➡ Welcher Satz ist deiner Meinung nach am schwierigsten in die Tat umzusetzen?
Notiere seine Nummer und begründe deine Meinung.

_____

_____

➡ Satz 4 steht in der Bergpredigt (Matthäus 7,12) und wird auch die „Goldene Regel" genannt. Warum?

_____

_____

➡ Welchen Satz würdest du für dich persönlich als Richtschnur für ein friedliches Zusammenleben auswählen? Schreibe ihn groß auf ein Blatt Papier und verziere ihn mit einem künstlerisch gestalteten Rahmen. Du kannst ihn auch selbst formulieren. Würdest du ihn in deinem Zimmer aufhängen?

Ja / Nein, weil _____

_____

1. Islam. 2. Judentum und Christentum. 3. Buddhismus. 4. Christentum. 5. Islam. 6. Judentum. 7. Buddhismus. 8. Islam. 9. Christentum

PROJEKT WELTETHOS

➜ Das Wort *Ethos* kommt aus dem Griechischen und bedeutet „moralische Gesamthaltung" oder „sittliche Lebensgrundsätze". Was verstehst du unter „*Welt*ethos"?

_____

_____

Hans Küng, der Initiator des „Projekt Weltethos", wird nach dem Attentat in New York vom 11.9.2001 von einem Jugendmagazin interviewt:

Provo: Ihr großes Motto lautet: Der Frieden in der Welt ist nur dann möglich, wenn die Religionen Frieden untereinander schließen. Ist nach diesem terroristischen Attentat dieser religiöse Weltfriede noch realistisch?
Küng: Man hätte sich wohl keine eindrücklichere und zugleich grausamere Bestätigung ausdenken können als diese furchtbare Katastrophe in einem Amerika, das sich weithin als unbesiegbar und unverwundbar ansah. Aber wie soll es den Frieden unter den Nationen geben, wenn es keinen Frieden unter den Religionen gibt? Und wie soll es denn einen Frieden unter den Religionen geben, wenn es nicht einen Dialog zwischen den Religionen gibt? Gerade hier sind ja die Alternativen zum Dialog deutlich geworden: Wenn man nicht miteinander sprechen will, dann schießt man, wirft man Bomben, zerstört unter Umständen das Leben von tausenden unschuldiger Menschen. (...)

Provo: Was können wir als junge Menschen tun nach diesem Attentat, um die religiösen Gräben zu überwinden, die Angst vor der Zukunft zu verlieren und wieder mehr Vertrauen in unser Leben zu gewinnen?
Küng: Religiöse Gräben kann man nur überwinden, wenn man wenigstens eine elementare Kenntnis der anderen Religionen und der Religiösität ihrer Anhänger hat. (...) Darüber hinaus müsste man vor allem den lebendigen Kontakt mit den Menschen anderer Religionen suchen. (...) Wir sollten uns bewusst werden, dass alle großen Religionen dieselben elementaren ethischen Prinzipien haben, Basis für ein gemeinsames Menschheitsethos, ein Weltethos. Schon die Beachtung der folgenden Goldenen Regel würde uns in der großen Politik wie im Alltag voranhelfen: Was du nicht willst, das man dir tu, das füg' auch keinem andern zu!

(Florian Zollmann und Hans Küng in Publik-Forum, Zeitung kritischer Christen, Oberursel, Provo, 5/2001)

➜ Was sind nach Hans Küngs Ansicht die Voraussetzungen für den Frieden in der Welt?

_____

_____

➜ _____

➜ Suche wichtige Aussagen aus dem Interview aus und gestalte eine Grafik, die für das Projekt „Weltethos" wirbt.

Anmerkungen

Die Bibelzitate wurden behutsam der reformierten Rechtschreibung angepasst. Sie erfolgen nach der Zürcher Bibel, Zürich 1942.

Seite   Anmerkungen

6   Für die letzte Aufgabe können auch die Schüleraussagen von S. 5 hinzugezogen werden.

10   Tipp: Ausstellung über verschiedene heilige Berge (evtl. fächerübergreifend: Religion/Erdkunde)

11   Interessant kann ein Vergleich der Bergpredigt (Mt 5–7) mit der Feldpredigt (Lk 6,20–49) sein: Warum verlegt Matthäus die Predigt Jesu auf einen Berg? (Parallele: Empfang der Zehn Gebote auf dem Sinai durch Mose)

13   Zusatzinformation über äthiopische Juden wäre sinnvoll (z. B. Referat durch S)

14   Die Betrachtung eines „Kreuzweges" bietet sich als Ergänzung an.

13/14   Ergänzung: Gespräch (und Bilder) über andere heilige Stätten in Jerusalem.

15   Die Geschichte aus der jüdischen Bibel über Hagar hat auch Auswirkungen auf den Islam: Die Muslime verstehen sich als Nachfolger von Abrahams und Hagars Sohn Ismael. Zuordnung:
    jüdisch: 10, 7, 4, 1, 3; christlich: 6, 11, 8, 13; islamisch: 5, 12, 2, 9.

19   Die S können Texte und Bilder über Engel sammeln und mit dem „Engel-ABC" vergleichen.
    Weitere Möglichkeit: Basteln eines Engel-Kalenders (Welche Engeldarstellung – Text oder Bild – passt zu welchem Monat?)

21   Das Bild von Yves Klein ist z. B. abgedruckt in H. J. Frisch, „Himmelsleitern", Düsseldorf 1999, S. 22.

22   Letzte Aufgabe: z. B. das Vaterunser (S. 44) oder das Apostolische Glaubensbekenntnis (S. 21)

24   Letzte Aufgabe: Die Bibel in „Konkurrenz" zu anderen Büchern. Mit älteren S kann man über unterschiedliche Welt- bzw. Lebensanschauungen sprechen und diese mit der biblischen vergleichen.

25/26   Die Arbeitsblätter dienen als Grundlage für eine Hausaufgabe oder gemeinsame Exkursion, können aber auch in der Schule aus der Erinnerung bearbeitet werden.

27   Vgl. S. 75, letzte Aufgabe.

28   Antworten auf den Plakaten: „Freunde": *Mit den richtigen Turnschuhen/ Mit Intrigen/Mit dem Herzen/Mit der Kreditkarte*; „Fußballer", „Mensch": *Ja/Nein/Vielleicht/Weiß nicht*

30   Man könnte zunächst über das Wesen von Religion sprechen (vgl. S. 5–6), z. B. über folgendes Zitat von Paul Tillich: *Religion ist im weitesten und tiefsten Sinne das, was uns unbedingt angeht.*

33   Widersprüche: z. B. „sichern" ⟷ glauben; „das Leben Christi in Serie" ⟷ Einmaligkeit; „ohne Verpflichtung" ⟷ Ernsthaftigkeit

35/36   Werbeanzeigen bieten eine gute Möglichkeit ernsthaft über verschiedene religiöse Inhalte zu sprechen, auch wenn sie in den Anzeigen kommerziell benutzt werden. Anschließend können die S selbst eine Anzeige entwerfen, die wirklich für religiöse Inhalte wirbt (z. B. für karitative Zwecke oder für Gottesdienstbesuche).

37   Nachdem die S die Position der Bischöfe eingenommen haben, sollten sie die Möglichkeit bekommen ihre *eigene* Meinung zu formulieren (z. B. als Leserbrief).

39   Falls von den S in der Sprechblase keine Kritik an der Werbung in der Kirche formuliert wird, sollte der L diese anregen.

40   Zum Thema „Wiedergeburt" vgl. S. 69.

41–45   Für diese Seiten kann als Methode das Stationenlernen gewählt werden (Durchführung: ca. drei Stunden). Pro S wird je eine Unterlage (Handtuch, Matte) benötigt; ein Waschbecken sollte vorhanden sein. Die Stühle und Tische werden zur Seite gestellt, so dass die vier Ecken des Raumes als Gebetsraum frei bleiben. Die Klasse wird in fünf gleich große Gruppen unterteilt. Alternativ wäre es möglich, die einzelnen Haltungen gemeinsam mit allen durchzuführen und jeweils im Anschluss daran die Fragen beantworten zu lassen. L sollte nach fünf Minuten das Ende der jeweiligen Gebete für alle Gruppen gleichzeitig anzeigen, worauf das schriftliche Beantworten der Fragen folgt. Um sich zur Ernsthaftigkeit zu verpflichten, kann vor der Durchführung jeder S die Erklärung S. 41 oben unterschreiben.

46   Reihenfolge: Islam (Fastenmonat), Christentum (Priester), Buddhismus (Yoga), Judentum (Schabbat, Kaschrut)

47   *(Seder-)Teller:* Judentum (Regeln zum Verzicht geben Heimat, Identität, Halt, Erinnerung);
    Tuch: Islam (Verzichten schafft Gemeinschaft, macht das Gewöhnliche bewusst);
    Schale: Buddhismus (Verzichten macht frei, bedürfnislos und stärkt den Willen);
    Kelch: Christentum (Verzichten macht frei, flexibel, gibt mehr Möglichkeiten)

48   Reihenfolge: (1.) Judentum (Pessach) (2.) Christentum (Abendmahl) (3.) Hinduismus (4.) Islam (5.) Judentum (6.) Judentum (7.) Christentum (8.) Hinduismus (9.) Judentum und Islam (Schächten) (10.) Judentum (11.) Christentum (Karfreitag) (12.) Judentum (13.) Hinduismus (14.) Islam (15.) Hinduismus.

Seite	Anmerkungen

49–51 Die Karten auf Pappe kleben oder laminieren. Die leeren Karten können die S in Gruppenarbeit mit Informationen aus anderen Religionen oder Glaubensgemeinschaften ausfüllen.

52 Zur Ergebnissicherung ist es sinnvoll den Baum auf ein Plakat zu übertragen, die Schilder in der Klasse gemeinsam auszufüllen und dann als Anschauungsmaterial im Klassenraum hängen zu lassen. Möglich ist es auch, den Baum in Gruppen zeichnen und ausfüllen zu lassen.

66 Antworten: 1. Finsternis. 2. Schöpfung geschieht a) durch Wunsch und Denken (und Keimkräfte), b) durch Denkkraft. 3. Erschaffen wird a) zuerst das Wasser, ein goldenes Ei, Brahman, b) Himmel und Erde, Luftraum, Weltgegenden, Meere (also die ganze Welt) 4. Welt wird aus dem Ei erschaffen.
Die Erzählung kann auch mit der Schöpfungsgeschichte der Bibel verglichen werden.

68 *Symbole der Lakshmi*: Lichterkranz, Krone, steht in Lotosblume und hält weitere in den Händen, Schmuck am Körper und zu ihren Füßen, Münzen streuende Hand
Andere Lichterfeste: z. B. Wesak (Vesak) im Buddhismus, Chanukka im Judentum, Sylvester, Halloween, St. Martin, und Weihnachten sind Feste, in denen Licht eine besondere Rolle spielt.
Die Beschäftigung mit Divali kann in einer Reihe über Licht/Dunkelheit, aber auch im Zusammenhang mit Gottesvorstellungen behandelt werden.

71 *positiv*: Alle Mitglieder der Gesellschaft gehören zu einem Organismus bzw. Körper; sie müssen zusammenarbeiten und haben wichtige Funktionen für die Gesamtheit.
negativ: Keine Gleichberechtigung und herkunftsunabhängige Achtung für alle; kaum Austausch mit- und Lernen voneinander; herkunftsbedingte Rollen- und Berufsfixiertheit; Vorbestimmtheit: Last oder Erleichterung?

72 **Hl. Schrift**: *positiv*: Wo die Frauen geehrt ... – Da, wo die Frauen nicht ... – Manche nennen die Kuh ... – Männer, die vom Eigentum ...; *negativ*: Kein Mann kann ... – Wem auch immer sie ... – Auch wenn er ... – Durch Pflichtverletzung ... – Durch ihre Leidenschaft ...; **Realität**: *positiv*: Frauen arbeiten ... – Indira Gandhi ... – Mahatma Gandhi ... – In Indien hält die Frau ...; *negativ*: Der Stand der Frau ... – Statistiken einer Abtreibungsklinik ... – Die Quote derer, ... – Mädchen weisen eine höhere ... – Die Mitgift für Mädchen übersteigt ...

74/75 Anstatt mit dem Vergleich zum Christentum kann man hier mit Jüngeren auch mit den Symbolen arbeiten: z. B.: Welche Symbole sind dir vertraut? Suche dir ein Symbol heraus, überlege, welche Gefühle es in dir auslöst und male dazu ein Bild.
Die Beschäftigung mit dem Schlussgebet ermöglicht außerdem ein tieferes Verständnis hinduistischer Frömmigkeit. Zu S. 75 (letzte Aufgabe) vgl. S. 27.

77 1. rechte Ansicht, 2. rechter Entschluss, 3. rechte Rede, 4. rechtes Verhalten, 5. rechtes Leben, 6. rechtes Streben, 7. rechte Achtsamkeit, 8. rechtes Sichversenken
Das Rad rollt, wenn ... alle Speichen gleich lang und gleich stark sind, ... nur wenn alle Speichen gleichzeitig vorhanden sind, ... wenn alle Speichen in der Mitte verankert sind ...
Wenn das Rad rollt, dann ... kommt man vorwärts, ... erreicht man das Ziel ..., kommt es auch an anderen vorbei ...

78 Die in der benutzten Ausgabe verwandten Begriffe „Liebe" und „übertreffen" sind durch die gängigen Übersetzungen „Güte" und „in sich aufnehmen" ersetzt, um ein eindeutiges Verständnis und eine einheitliche Begrifflichkeit zu gewährleisten (Vgl. Begrifflichkeit auf dem Arbeitsblatt zur Meditation der Herzensgüte, S. 79)

79 Die Meditation kann auch vom L in der Klasse (bei leiser Musik) vorgelesen werden, Im Anschluss können die S ein kurzes Gedicht (z. B. Elfchen) aus den gefundenen Begriffen (letzte Aufgabe) schreiben.

81 Anstatt einen Dialog zu schreiben, kann man hier auch gut Rollenspiele spielen.

82 *Aussprache* des Rezitationstextes: *Buddam Schärenam Gatschami, Dammam Schärenam Gatschami, Sangam Schärenam Gatschami*
Zuflucht in anderen Religionen: Jesus, Kirche, Kloster, Umma (islamische Gemeinde), Moschee, Tempelmauer in Jerusalem, Synagoge, Bibel, Gottesdienst (jeglicher Art), Gott (Allah, Jahwe, Shiva, Krischna usw.), Aschram (religiöse Stätte im Hinduismus), im Gebet, Gesang usw.
Andere Zufluchten: Eltern und Familie, Freunde, Zuhause, Vereine ..., aber auch Drogen, Alkohol, Fernsehen, Luxusgüter usw.

84/85 *Letzte Aufgabe*: Man kann die Schüler auch in Stichpunkten ihren eigenen Alltag (z. B. eine Woche) aufschreiben lassen, um zu sehen, wie beschäftigt sie sind, wie viele Termine sie haben. Dann fällt es leichter sich vorzustellen, warum Menschen auf Zeit in ein Kloster gehen.

90 Zuordnung: *Mitte (alle drei Religionen)*: Gott, Abraham, Engel Gabriel, Himmel, Erschaffung der Welt durch Gott; *Judentum und Christentum*: Altes Testament, (Thora), 10 Gebote; *Judentum und Islam*: Beschneidung, kein Schweinefleisch; *Christentum und Islam*: (Jesus); *Judentum*: Talmud, (Thora); *Christentum*: Neues Testament, Taufe (Jesus); *Islam*: Koran